JN091152

古民家再生物語

築百年（明治末期）の古民家再生工事 その全容

はじめに

なぜ、僕はこれほどまでに、古民家に惹かれるのだろうか。

古都・京都で生まれ育ったことや、ひょんなきっかけで入った会社で住宅関連の出版の仕事に従事したことが一つのきっかけになったことは間違いないが、いずれにしても素敵な古民家や町並みに身を置くと、なんともワクワクして楽しく、飽くことを知りません。

古民家に魅了され、古民家道楽にはまり込んでしまった、あるいは、古民家ウイルスにとりつかれてしまった、としか言いようがありません。


そんな僕が、古民家や古民家町・村に惹かれ始めたのは、1980年頃からのことです。

当時、住宅情報出版の仕事に従事しており、首都圏をはじめ主要都市の現代的な新築マンションや戸建住宅、新しく開発された住宅街等を見る機会が多くありました。

いずれもモダンで、快適な生活を約束してくれると思われる、先進的な住宅が大変な勢いで開発されていました。

しかし一方で、無国籍的というか、日本の伝統的住文化を何処かに置き忘れて来たような日本の住宅のあり方に違和感も感じ、さらには、良質な古民家がことも無げに取り壊されていく姿を見るにつけ、これでいいのだろうかと素朴な疑問を持ち始めました。

そんなことを背景に、ビジネスと個人的な心情のバランスを取るために、休暇には、全国各地の古民家が残る町や村を訪ね、写真を撮り始めました。


また、僕は若い頃から公私にわたり海外を旅する機会に恵まれ、今までにおおよそ80余の国に訪れています。

当初は名所旧跡を訪ねる物見遊山的な旅が多かったのですが、古民家に関心を持ち始めてからは、旅の目的は、世界各地の古い民家が残る町や村を訪ねる旅が俄然多くなっていきました。

そして、多くの国で、築何百年というその土地固有の伝統的な古い建物を慈しんで大切に使っている様子や、そうした建物で構成されている素晴らしい町や村の景観、そこで穏やかに、そして楽しげに生活する人びとの姿を見ながら写真を撮り続けてきました。

そして、これら撮影した写真を、機会がある毎に新聞や雑誌に、あるいは個展などで発表してきました。

さらに、1997年、日本の伝統的家屋を守るためのNPO法人日本民家再生協会（JMRA）を、有志の皆さんと立ち上げ、この協会を通して古民家に関係するさまざまな活動をしてきました。


ところで、僕は今までに16回の引越しを経験しています。

京都の町屋を皮切りに、大学の寮、アパート、公団住宅、一軒家の賃貸住宅、分譲マンション、単身赴任用ワンルームマンション、大手ハウスメーカーの注文住宅、そしてまたマンションへと、日本におけるひと通りの住居形態での居住を経験してきました。


このようなさまざまな体験と経験をする中で「民家の美と文化」が僕のライフワークとなり、さらには、いつの日か日本の伝統的建築である古民家に住み、そこで生活をしてみたいと強く思うようになっていきました。

そして、さまざまな紆余曲折を経て、遂に古民家再生を実現し、古民家での生活をスタートすることができるようになりました。


この「古民家再生物語」は、こうした僕の体験・想いを背景にして取り組んだ30数年間にわたる古民家に関連する活動と、我が愛する古民家隠れ屋の具体的な再生造作工事の全記録をまとめた本です。

古民家に住んでみたいとお思いの方、あるいは古民家再生にチャレンジしたいと考えている方々に、少しでも参考になればこんなに嬉しいことはありません。

古民家再生物語

築百年(明治末期)の古民家再生工事 その全容

CONTENTS

Author & Photograph Hasegawa Kazuo
Publisher Hasegawa Kazuo (Wasokobo Inc.)
Editor Hirano Kaoru (Nampoosha)
Designer Takeuchi Minoru (Ar-i-ever)

第1章

古民家再生事始め

1

古民家再生事始め

２００８年（平成20年）７月11日　晴れ

大工棟梁の野沢昌夫さん（野沢住建 社長）と地元の不動産仲介者の土橋行雄さん（山梨商事代表）の紹介で、山梨市牧丘町にほぼ希望条件に合った土地が見つかり、ここに古民家を移築再生することに決定しました。

この地に巡り会うまでに十数年間、紆余曲折を経て、数百ヵ所のさまざまな場所・土地を探し歩いてきました。

そしてようやく遭遇できたのです。

古民家再生予定地から見た景色

2 古民家への想い

具体的な物語に入る前に、僕と古民家との関わり合い、問題意識を簡単に記しておきたいと思います。

僕は、１９６９年（昭和44年）に大学を卒業して㈱日本リクルートセンター（現・㈱リクルート）に入社しました。

大学で心理学を専攻したということもあり当初は人事・教育分野の仕事に従事したのですが、１９８０年代から「住宅情報」の仕事を担当し、住宅・建築業界に関わるようになりました。

この仕事で全国各地の新築住宅＆マンションなど当時の最先端のさまざまな住宅や既存＆賃貸住宅等々数多くの家を見る機会を得ました。

どこまで深く洞察できたかは自信ありませんが、住宅を見た数では日本でも有数の一人かもしれません。

ところで、話はちょっと横道にそれますが、戦後の我が国の住宅事情は戦渦による住宅不足の時代から始まりました。

喫緊の課題ということで、バラック的な家屋をはじめとして急ピッチで建物が供給され、１９６８年（昭和43年）には住宅は取りあえず数の上では世帯数を上回りました。僕が大学を卒業し社会に飛び出す1年前のことです。

そして１９７０年代中頃から、住宅の質にも関心が高まり構造や設備も近代的になりそれなりのレベルになっていきます。

新しい住宅の多くは日本の伝統的な工法や形を離れ、デザインも洋風あるいは無国籍的な住宅になっていきます。

都会ではマンションが大量に供給されていきます。

一方で、日本の伝統的家屋はどんどん取り壊され、街並みが変化し、田舎の町や村の風景が激変していきます。

僕は京都に生まれ育ったのですが、この京都も例外ではありませんでした。

成人してからは京都を離れ信州、東京へと転居したのですが、帰京するたびに、東山トンネルを通過して目に飛び込んでくる京都の街並みが変化し壊れていくのをつぶさに見て心を痛めてきました。

そして80年代から住宅産業に携わり、仕事を通じてこうした状況がさらに加速されていくのを見るにつけ、日本の住宅や町、村はこれでいいのだろうか、何か大事なものを置き忘れてきているのではないかという素朴な疑問が具体的な形になって心に湧いてきたのです。

3

古民家と私

僕は今まで16回の引越しを経験しています。

さまざまなタイプの住居形態を経験してきました。引越し貧乏の典型です。

しかし、日本の住宅・町並みがどこか違う、大事なものを置き忘れてきていると思い始めた僕は、僕自身の17回にわたる家遍歴にも満たされていませんでした。

山梨 甘草屋敷

そんな思いを背景に、1980年代半ば頃から日本全国の伝統的な古民家・古い町や村を見て歩くようになりました。そして、伝統的な日本の民家や町並みの素晴らしさを再発見・再認識し、素朴な美しさにひかれ写真を撮り始めました。

一方、若い頃から海外に行く機会に恵まれ、今までに約80ヵ国の街・家を見てきました。海外、特にヨーロッパに行くと町や村がとても個性的で、住むにも快適そうでした。なによりそこに住む人たちが、自分たちの伝統的な家屋や町並みに価値をおき、誇りに思い、大切にしている。素晴

ドイツ フロイデンブルグ アルター フリッケン

らしいローカルカラーがある。

　ところが、日本では高度経済成長に伴い古民家や古い町並みがどんどん取り壊されていきました。

　それもすごい規模で、スピードで……。

　それに伴い工法も伝統構法がすたれ、優れた技能を持つ職人さんも少なくなっていきました。

　新しくつくられる家や街並みは機能的で便利かもしれないけれど、全国どこに行っても画一的で無個性。

　それに何よりも美しくない。

　エッセイストの白洲正子は、こんな日本の姿をある著書で「ぶざまな近代化」と評していました。

　これでよいのか。微力でも自分に何かできることはないか……。

認定ＮＰＯ法人 日本民家再生協会
(Japan Minka Revival Association)

　日本の住文化の結晶といえる伝統的な日本の民家を守り、次代へ引き継ぐことを理念に１９９７年（平成9年）9月設立。民家に関心を持つあらゆる人びと（民家所有者、民家利活用者、建築家、工務店、職人、学生や一般人、研究者、文化人、マスコミなど）の、全国的なネットワーク組織であり、全国各地で行われている民家再生の活動を支援したり、さまざまなイベントを開催している。また、民家を保存することにとどまらず、これからの住まいのあり方・文化を考えることなども理念としている。
本部所在地：東京都千代田区六番町１－１

　こんな思いを強くしていた僕は、取りあえず自分だけでも古民家を再生利用できないかと思い始めました。

　また、同じ思いを持っている有志の皆さんと共に１９９７年（平成9年）ＮＰＯ法人日本民家再生協会（ＪＭＲＡ）を設立し、民家を守る活動を開始しました。

　同時に、撮りためた写真を雑誌・新聞・写真展などで発表していきました。

京都市中の電柱電線

東京日本橋の上を高速道路が走る

4

住居歴

具体的に古民家再生を思い立ったのは、平成になって間もない、今から約30年前の1990年頃のことです。

僕は、現在、横浜のマンションに住んでいるのですが、このマンションは我が人生で、17番目の住みかになります。そしてこの17軒の住みかのうち、10軒は結婚して所帯を持ってからの住居です。

1LDKの狭い公団住宅から、我々の生活は始まりました。そして、子供が生まれ、その子供たちの成長に伴って、少しずつ大きな家に住み替えていきました。

ところが、途中から、僕の気まぐれというか、住む環境を変えたいがための引越しになっていきました。不動産に興味を持ち始めた、ということも一因だったと思います。

この過程の中で、本の冒頭の「はじめに」にも書いたように、さまざまな形態の家に住んでいきました。

妻（長谷川 千恵）は、当初は、賛同してついてきてくれたのですが、ついに、16回目の引越し、つまり今の横浜のマンションに引越しをする時（1989年）、「もう引越しは、これまでとさせていただきます。どうしても新しい家に行きたい時は、あなた一人で行ってください！」と宣告されてしまいました。

その理由は、当時の僕はサラリーマン稼業で、住宅は言わば浮き草的存在であったのに対して、彼女は、自宅でお琴や三絃、そして茶道の教室を開設していて相当数のお弟子さんがいたり、地域の人たちとの確かなコミュニティーを構築するなど、自宅をベースにしっかりとした地盤を築いていたからです。それが、引越しをすることによってお弟子さんに迷惑をかけたり、せっかく築いたコミュニティーから離れなくてはならないことになります。

今思えば、引越し拒否は当然のことでした。

古民家に憧れ、マンションを古民家風に改装して住む

5

究極の住まい・古民家

しかし、僕はといえば、古民家に関わるいろんな活動をしていたこともあり、今のマンションに落ち着くやいなや、またぞろ、いつの日か究極の住まいとして、日本の伝統的建築である古民家に住み、そこで生活をしてみたいと徐々に思うようになっていったのです。

妻の拒否宣言があったにもかかわらず、少し時間をおいて、僕の古民家への思いを彼女に話をしていきます。

彼女は、若い頃から茶道をやっていたということもあり、お茶室などを通して古い建物にそれなりの興味があり、ある意味では、僕よりも造詣が深いほうでした。

そんなこともあり、「古民家にお茶室なども造って……」などと、古民家の話題を小出しにしていきます。

また、外堀を埋めるべく、有志の仲間たちと設立した日本民家再生協会（ＪＭＲＡ）の活動にも彼女を巻き込んでいきます。

そんなプロセスを経て、ある日ようやく「もし、古民家に住めるのなら、もう一度だけ引越しに付き合ってあげる」という言質を得たのです。

6

……安曇野へ

こんなことと前後して、僕の第二の故郷ともいうべき信州安曇野に、縁あって150坪ほどの土地を入手しました。そこに隠れ屋的な小さな古民家を移築再生する計画でした。

ところが計画を練っている間に、その土地の前に、今風のモダンというか、無国籍的な家が建ってしまったのです。

この一軒の家の存在が周辺の景観を壊してしまい、安曇野の牧歌的な雰囲気の中で休暇を過ごしたいと考えていた夢は無惨にも打ち砕かれました。

我々はこの地に古民家を移築する気を無くし、早々に土地を手放すことになりました。

しかし古民家再生の夢は継続しました。

7 古民家と工房

安曇野の土地を売却して数年が経った頃です。

長男(創)が、美大を卒業し大学院へ、さらに大学助手となり、鍛金作家の道を歩み出しました。そのため、創作の拠点として工房が必要になってきました。

これを契機に、息子の工房と、僕たち夫婦の隠れ屋となる古民家の、双方の希望が叶う計画を立て、再び古民家と土地探しを再開しました。

今度は遠方を避け、自宅に近い神奈川県下に、隠れ屋と工房を兼ねた古民家を再生する計画でスタートしました。

当初、息子の勤める大学近くの津久井湖・相模湖周辺や、多くのアーティストが工房を持つ藤野周辺を探索しました。

住宅情報や新聞広告を見て、良いと思われる物件をチェックし、それを頼りに相模湖や藤野周辺の不動産会社を訪れ、現地を見に行きます。息子の知り合いのアーティストのスタジオにお邪魔し紹介を頼みに行ったり、途中目についた古民家にお邪魔し、近所に何か売り出し中の物件がないか、などと聞きに行ったりもしました。また、大蔵省(当時)の官報で払下げ物件などもチェックし、現地に行くことなどもしました。

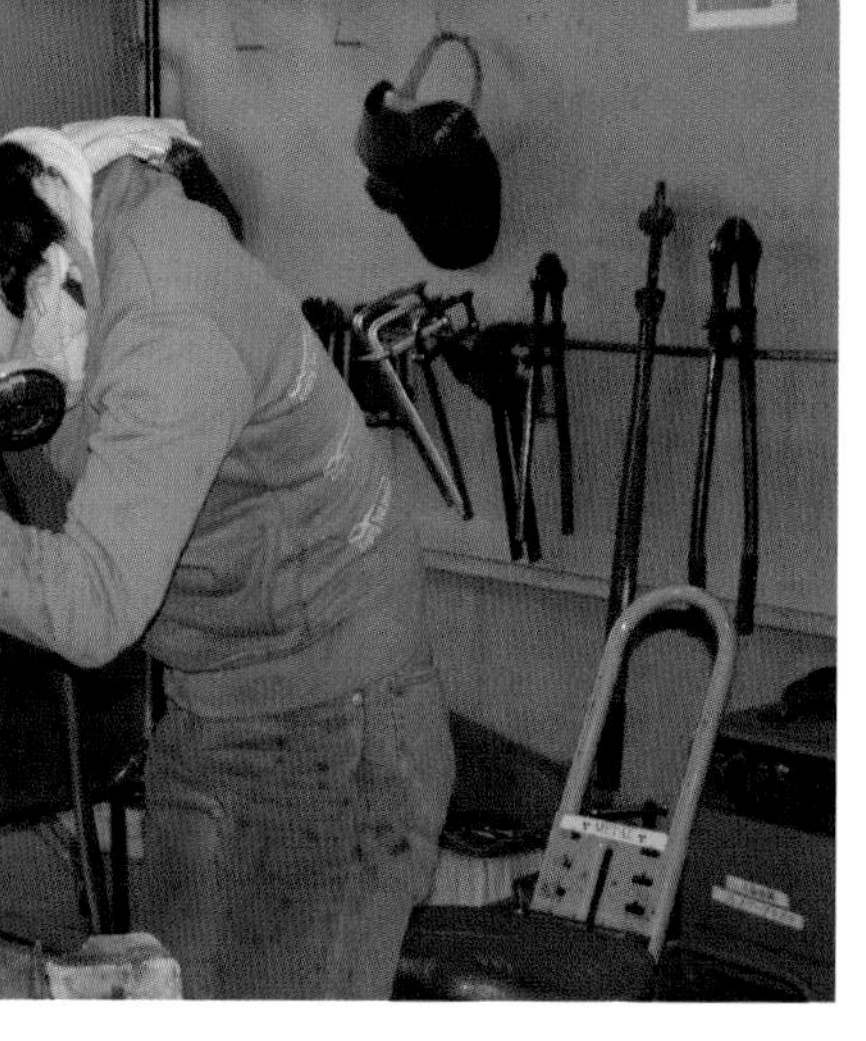

この段階で、おおよそ一年間で100件以上の現地を見に行ったと思います。

その頃の日記を見ると、ほぼ毎週末、息子と一緒に、時には妻も同行して、物件探しに車で出かけています。

僕は不動産を見るのが趣味みたいなものですから苦労ではなく、むしろ楽しかったのですが、付き合った妻や息子はさぞかし大変だったことだろうと思います。

しかし、帯に短し襷に長し、とでもいうのでしょうか、なかなか適当な物件にはたどり着けません。限られた予算のこともあり、物件探しは難航しました。

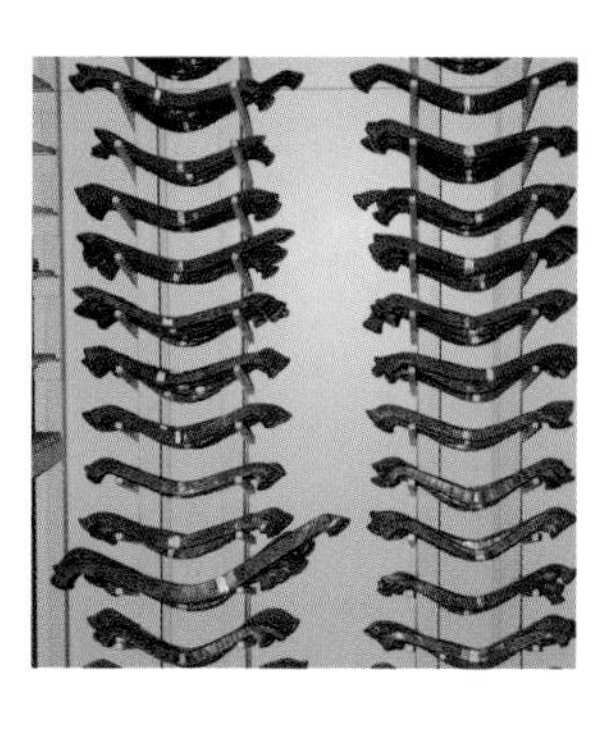

8

7つの条件

やむなく神奈川県にこだわらず、探索範囲を山梨県まで広げることにしました。

なお、山梨まで探索の足を延ばすにあたって、今までの土地探しの体験をベースに、ターゲットにすべき物件の希望条件を整理し、箇条書きに書き出してみました。

それが、次の7つの条件です。

立地条件

1、標高：600メートル以上900メートル以下

理由：山梨甲府地方は盆地のため夏の市街地は暑い。その暑さを避けるために高地が良い。とは言え、900メートルを超えると栽培できる作物の種類が限られてしまう。将来自給自足の生活をすることもあり得るのでそのことに備えるため。

2、南斜面で日の出と夕日が見える土地

3、背後に森、前方は見渡す限りの眺望が開かれている土地

理由：水の確保のために森は不可欠。

4、はるかかなた眼下に街の灯が見えるのが望ましい

理由：銀座や新橋で長く仕事をしてきた身には、やはり街にネオンが懐かしい（苦笑）。なお、富士山が見えればなお良し。

5、周囲に人家がないこと

理由：工房から鍛金音が出る可能性があり、周囲の方々に迷惑をかけないため。

6、土地の広さ：500~1000坪

7、再生可能な古民家付帯

今考えればかなり難易度の高い条件です。

加えて予算的な制約もあります。

しかし土地を探し始めて十数年、今まで散々苦労をしてきただけに、もうここに至っては中途半端な妥協はできないといった気持ちでした。

「意地」といったほうが適切かもしれません。

山梨での物件探索

山梨での物件探しがスタートします。

まずは、7つの条件をプリントしたペーパーを手に、山梨県下の不動産仲介会社を訪ねます。しかし、この条件を見た業者はほぼすべて「こんな条件の土地はとても無理だ。もしあれば、私が買いたい！」と、取りつく島もありません。しかし、諦めません。

不動産業界用語？に「千三つ」という言葉があります。いい話は、1000に3つしかない、という意味です。まさにこの3つを探し求めるという心境です。

日本民家再生協会（JMRA）で知り合いになった山梨在住の方々にも紹介いただけるようお願いに行きます。

当時、僕はもう会社勤めはしておらず自由業でしたから、時間があれば、山梨に車を走らせ、随分と多くの土地・建物を見て回りました。

そうして一年と少し経った頃でしょうか、地元で知り合いになった大工棟梁の野沢昌夫さんから「長谷川さんの希望する条件をほぼ満たす土地が売り出されるようだ。見に来たらどうですか？」との一本の電話が入ったのです。

僕は即、車を現地に走らせました。

ようやく遭遇した土地から見た風景。眼下に甲府盆地と塩山が見える

その土地は、建築資材置き場で、廃屋のような掘っ建て小屋や、大量の廃材や大きな石が積み上げられ、見た目はなんとも大変な状態でした。しかし、立地条件はあの７つの条件をほぼ満たしています。加えて、横浜自宅からは１２０キロあまり、車で２時間ちょっとで来ることができる手頃な距離です。この距離なら横浜との行き来もそう苦になりません。

即、売主と仲介会社に連絡を取ります。

聞くと、翌日、物件販売の広告を出す手配をしているというので、口頭での仮契約を申し出て、出稿を取り止めてもらいました。

もし、この時、現地を見に行くのが即日ではなかったら、もし７つの条件を明確にして探していなかったら、現在のこの土地との縁はなかったかもしれません。

ともあれ、ようやくほぼ条件に合致した土地に出会えました。

思えば長い道程でした。

大量の廃材や石が積まれた現地

建築予定地がある牧丘町杣口の集落

10

古民家探し

２００９年6月2日

山梨牧丘町の土地には古民家は付帯していませんでした。不動産探しで、すべての条件を１００％満足させる物件に出会うことは、困難なことです。どこかで妥協というか、折り合いが必要です。しかし一方で、古民家を探すことは新たな楽しみでもあります。

さて、では移築する古民家を何処から求めるか?。地元山梨地方の古民家を移築するのも一つの選択肢でしたが、せっかく移築するなら山梨近辺に限定せず、今まで全国各地で見てきた民家の中で気に入っている造形の古民家移築も、視野に入れ検討することにしました。

憧れの古民家は、太い欅の材でがっちり組まれた重厚で力強い空間を持つ民家です。

山梨では、大黒柱に太い欅材が使われている古民家はあるのですが、その他の構造材は杉や松が多く、かつ細い材がほとんどです。これは、雪があまり降らない山梨の気候に合った家の造作のためで、これはこれで合理的なことではあるのですが…。

古民家探しの候補エリアは二つありました。

一つは豪雪地帯新潟上越地方から、今一つは京都美山町もしくは滋賀湖北地方エリアです。

まず、日本民家再生協会（ＪＭＲＡ）が運営している民家バンクの情報検索をします。このバンクは、古民家を譲りたいと考えている所有者と、古民家が欲しいと思っている希望者との間を仲介する、いわばお見合いの場を提供するサイトです。

同時に、今まで民家の活動で知り合った人たちに情報提供をお願いします。

京都・滋賀県で幅広く古民家や古材・古建具の取り扱いをしていらっしゃる方や、新潟方面では以前から付き合いのあったカール・ベンクス（カールベンクス アンド アソシエイト 代表）さんなどです。カール・ベンクスさんには、山梨に足を運んでもらい建設予定地を見ていただき、土地のイメージにあった建物の紹介を依頼しました。

11

古民家との出会い

2009年7月7日

山梨市牧丘町に建築場所が定まった、ちょうど1年後の2009年7月7日。

建築デザイナーのカール・ベンクスさんと市村重太郎さん（上越重機工業 社長）両氏の紹介で、新潟県上越市安塚の古民家とお見合いしました。

上越市安塚町は新潟県西南部に位置し、長野県飯山市に隣接するエリアです。

安塚といえば「雪」。「雪のふるさと安塚」が、町のキャッチフレーズです。この豪雪地帯の小高い丘の森の中にこの古民家はありました。明治44年に建てられた、程よい大きさの状態の良い古民家でした。

探し求めていた、欅の材で造形された重厚な囲炉裏の間が、胸にズシリときました。

一目惚れでした。

決定です。

土地探しには随分と苦労しましたが、移築する古民家探しは比較的順調でした。

切妻屋根の安塚の古民家外観

この古民家で一番魅力のある空間　囲炉裏の間

台所から囲炉裏の間を見る

客間

古民家外観

書院造の客間、左は仏間

客間から仏間、居間を見る

欅材で作られた玄関内扉

2階屋根裏部屋

2階屋根裏部屋

2階屋根裏部屋

12

設計図

2009年8月

再生すべき建物が見つかり、次は設計に取り掛かります。まずは、敷地全体のマスタープランを考えます。

土地は約500坪あります。その敷地の形状や方角に合わせてどこに母屋を再生するか。庭はどこにどのようなモノを作るか。ベンクスさんからは、池を造ってはどうかとの提案がきます。さらに、将来、息子が作る予定の工房はどこに建設するか、などなど。

次に、古民家をどのように再生・活用するかを検討します。再生古民家の建築デザインは、当初の計画通りカール・ベンクスさんに協力を依頼しました。

設計の基本方針の1つは、古材の有効活用と建物の強度を維持するために、元の古民家の木組み・構造体はできる限りそのまま使うことです。しかし、想定している家の使用計画などから、基本的な構造体に影響が出ない範囲で、間取りなどはそれなりの変更を加える予定です。

母屋は、甲府盆地を見下ろし、富士山に相対する敷地の奥の位置に再生することにしました。この配置の決定とともに、元の古民家の玄関の位置が大きく変わりました。

続いて、ベンクスさんが、古民家再生の基本となる建築デザインを考え、平面図や外観デザインを作成します。

デザインのポイントは、開放感のある広い空間を確保するために、元の建物の床の位置を下げ、かつ天井の一部を取っ払い吹き抜けにする。平屋だった元の建物の屋根を高くすると共に形状を変更し、ロフトや物置のスペースを確保する。さらに富士山と甲府盆地の素晴らしい眺めを見るために南側に開口部を大きく設ける。また将来のギャラリー開設計画に備えて土間空間を広げる、などなどです。

こうして作られたベンクスさんの基本プランをもとに、

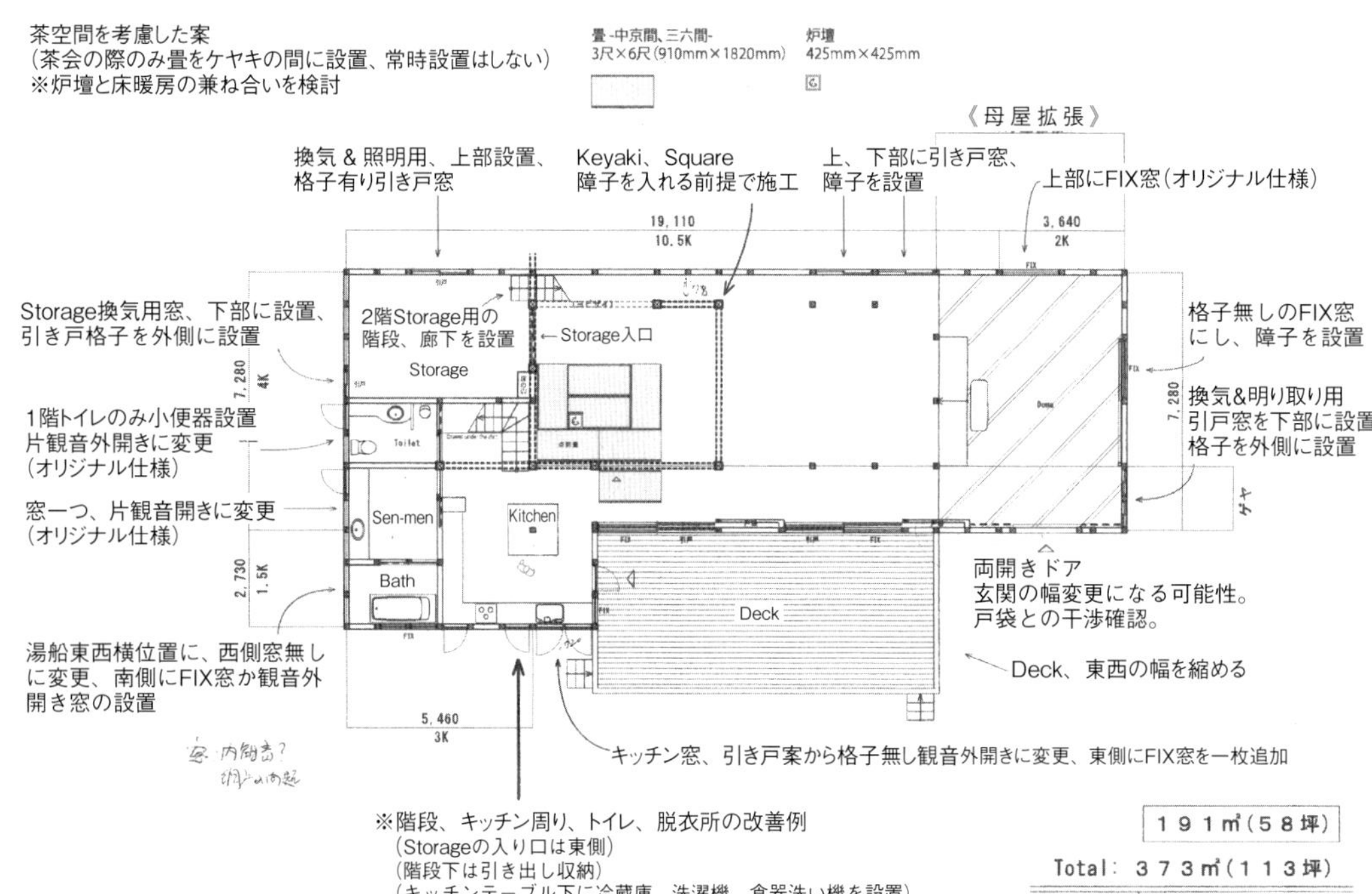

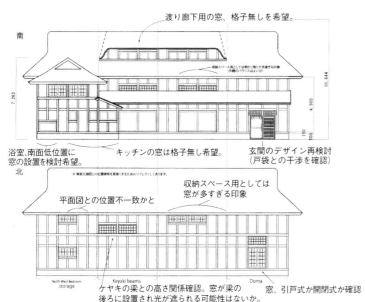

私と息子とで我々の希望や使い勝手を組み込んださまざまなパターンの間取り図を作成していきます。こうしたプラン作りは心弾む、実に楽しい作業でした。

なお、工事を進めていく中でも徐々に分かっていったのですが、いわゆる新築工事と違い、古民家再生では、古材を活用するため予期せぬ支障が出てきて計画通り作れなかったり、逆に当初考えていなかったアイデアが出てきて計画を変更することになったりするので、あまり詳細には図面を作り込まないで進めていくことにしました。良い意味で、出たとこ勝負を楽しむのです。ですから、こうした変更を厭わない、逆にいえばこうした「勝負」を一緒に楽しんでもらえる棟梁、大工さんが不可欠になってきます。

ところで、ベンクスさんの事務所は新潟県十日町市にあるためリモートワークになり、少々もどかしいやり取りになることもありましたが、何とか相互に行き来し、かつメールや郵便で情報交換をしながらの作業を続けます。

この基本設計図を作成する作業は、約3ヶ月続きました。3ヶ月といえばかなりの期間で十分かと思っていましたが、この間、以前から計画していた海外旅行が重なり数週間不在になったりしたこともあり、結果的には少しタイトなスケジュールになりました。あとから考えると、この段階でもう少し時間をとって、もっとさまざまな情報収集や検討をすればよかったと思いました。反省点の1つです。

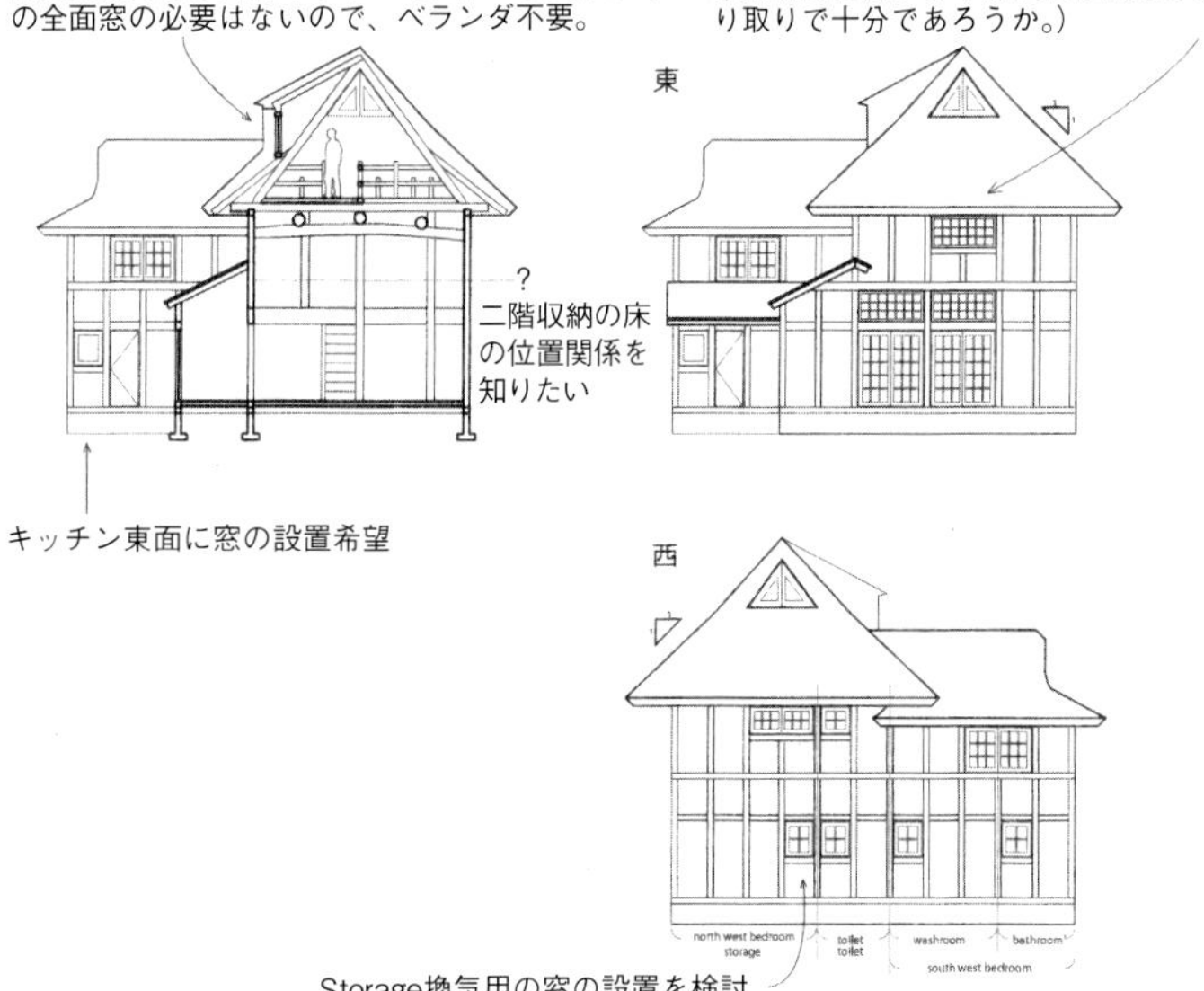
南面屋根の窓は当初のサイズで。床から天井までの全面窓の必要はないので、ベランダ不要。
提案:窓の設置
(土間2階部分。妻切屋根に窓があるものの、東南北共に窓がなく寝室には南面のみの明り取りで十分であろうか。)
東
?
二階収納の床の位置関係を知りたい
キッチン東面に窓の設置希望
西
Storage換気用の窓の設置を検討

渡り廊下用の窓、格子無しを希望。
南
浴室、南面低位置に窓の設置を検討希望。
キッチンの窓は格子無し希望。
玄関のデザイン再検討
(戸袋との干渉を確認)
北
収納スペース用としては窓が多すぎる印象
平面図との位置不一致かと
Keyaki beams
Doma
storage
ケヤキの梁との高さ関係確認。窓が梁の後ろに設置され光が遮られる可能性はないか。
窓、引戸式か開閉式か確認

13

概算見積もり

２００９年9月

古民家再生のおおよそのプランが固まってきた段階で、見積もりと工事日程表の作成を依頼します。施工は、土地を紹介してもらった野沢昌夫さんが経営する野沢住建㈱が候補の会社です。

この段階での見積もりは、工事の正式契約をする前の概算見積もりになります。また、おおよその予算の心づもりをしておくためのものでもあります。

古民家の再生工事では、工事が進行する中でプランを変更することや、予期しない支障が出てきて変更せざるをえないことがあるため、この段階では細かいところまで精査してもあまり意味がないので、概算だけでオーケーです。

野沢住建さんからは、工期は10ヶ月、３６００万円の概算見積もりが出てきました。野沢住建さんの過去の古民家再生工事の実績と金額を勘案してリーズナブルと判断し、正式に契約を取り交わしました。

そのほかに、古民家入手謝礼、解体・運搬費用、建築デザイン費用などはすでに確認済みです。こちらはおおよそ合計で１０００万円でした。

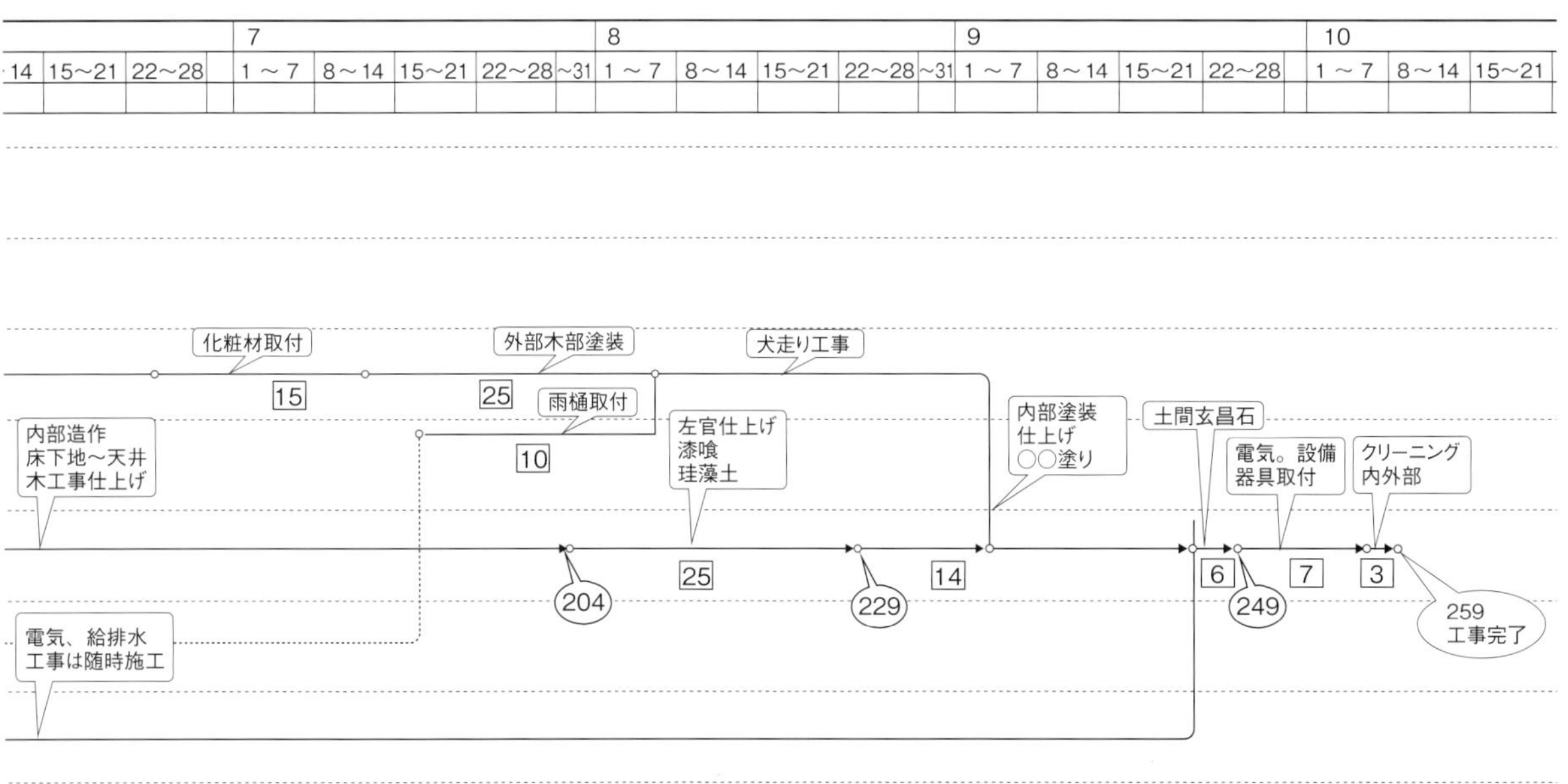

御見積書
和創工房　長谷川和夫
様
野沢住建株式会社

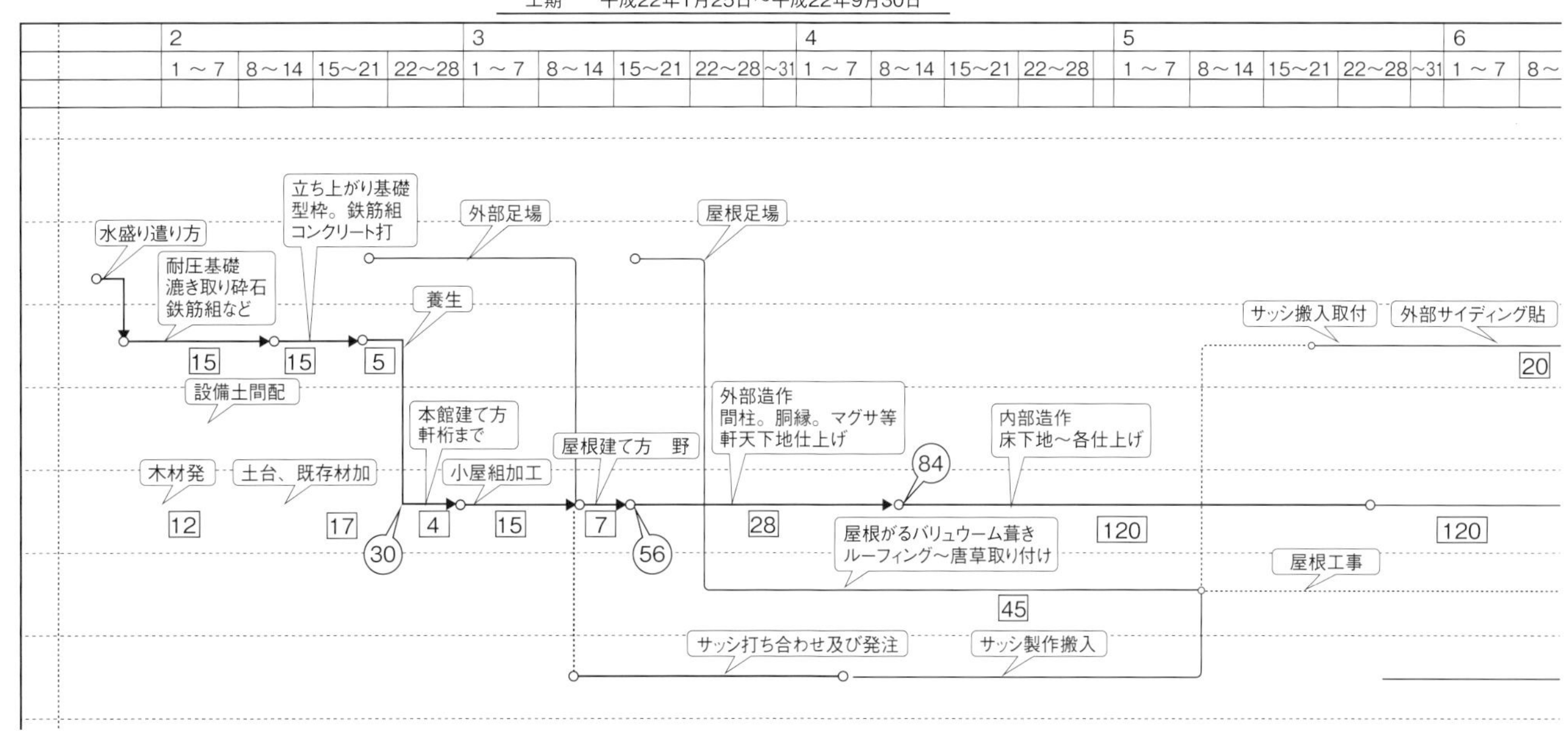
工事日程表
工期　平成22年1月25日～平成22年9月30日
2
3
4
5
6
1～7
8～14
15～21
22～28
～31
水盛り遣り方
耐圧基礎
漉き取り砕石
鉄筋組など
立ち上がり基礎
型枠。鉄筋組
コンクリート打
養生
外部足場
屋根足場
15
15
5
設備土間配
木材発
土台、既存材加
12
17
30
本館建て方
軒桁まで
小屋組加工
4
15
屋根建て方　野
7
56
外部造作
間柱。胴縁。マグサ等
軒天下地仕上げ
28
84
屋根がるバリュウーム葺き
ルーフィング～唐草取り付け
45
内部造作
床下地～各仕上げ
120
120
サッシ搬入取付
外部サイディング貼
20
屋根工事
サッシ打ち合わせ及び発注
サッシ製作搬入

14

解体

２００９年10月29日

古民家のある新潟県上越市安塚は有名な豪雪地帯です。最盛期には3メートルを超す積雪があります。雪の降る前に解体し搬出しないと年越しして雪解け後の春まで作業に入ることができません。

まず建具を取り外す

秋が深まる２００９年10月29日。いよいよ解体開始の日です。

解体をしていただくのは上越重機工業の市村重太郎さん。毎年１００棟を超える古民家を解体している専門家です。解体に入る前に建具を取り外し、丁寧に養生し倉庫に保管します。

欅材の大黒柱や梁など貴重な古材は解体時や搬送中に傷がつかないように丁寧に養生しておきます。

大黒柱の土台。欅の柱も梁も腐敗することもなく凡そ100年間家を支えてきた

欅材梁の養生

柱養生

再生時に、どの材がどこに使われていたかが分かるように番付けをします。

解体作業と平行して、現場で木組みを確認しながらカール・ベンクスさんと野沢棟梁と僕の三人で再生の打ち合わせをします。

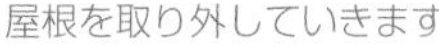
屋根を取り外していきます

解体現場での打ち合わせ

番付けの文字数字

市村さんは重機をまるで自分の手足のごとく見事に操り解体を進めていきます。

僕は市村さんに「宇宙飛行のアーム操縦士になれますね」と声をかけてしまいました。

まず、外壁を剥がしていきます。

柱に傷を付けないよう慎重に土壁と竹で編んだ小舞を突き崩します。

屋根を取り外していきます。

重機による解体作業

建具を取り外した室内

手作業で小舞の解体

廃材は解体作業と同時に木材、鉄、アルミ、ガラス等々に手際よく区分けしていきます。廃材の処分は現在ではこうした区分けを厳密にして行わなければなりません。

解体は約2週間かけて行われました。

そして、建具・古材は再生現地山梨県牧丘町に運ばれます。

古材倉庫

建具保管

15

古材搬入

2009年11月26日　快晴

解体された古材、石、建具が再生の地、山梨県山梨市牧丘町杣口に搬入される日です。

まず前日に構造材が10トントラック2台に積みこまれ、夜、上越市を出発。トラックは徹夜で山梨に向かいます。

搬入当日、牧丘町は澄み切った晴天。冠雪した富士山がきれいに見えます。

午前8時、2台の大型トラックが無事到着しました。

現地では大型クレーンを準備して待機。到着とともに早速構造材を降ろします。

搬入する方も受け取る方もさすがにプロの仕事です。慎重かつ丁寧に取り扱われながら、大量の古材はスムーズにトラックから降ろされていきます。

100年前の大工の匠の技、仕口が刻まれた梁が見事です。「いい仕事していますねぇ!!」と思わず声をかけたくなります。

玄関式台に使われていた踏石も運ばれてきました。

後日、4トントラックで建具類が搬入され作業場に保管されました。

10トントラックが到着

現地では大型クレーンが待機

青空の下、作業開始

慎重に作業は進む

玄関式台の踏石

仕口が刻まれた梁　100 年前の大工の匠の技

工事現場に構造材が積み上げられていく

16 地鎮祭

2009年12月22日 冬至 大安 晴れ

年の瀬の12月22日。新年からの工事スタートを祈念して地鎮祭を執り行いました。

当日は大安吉日、快晴。師走とは思えない暖かい一日でした。

澄み切った空気の中、この日も冠雪した富士山が顔を出し、工事の成功と安全を一緒に祈願し祝ってくれているようでした。

現地から見る富士の峰

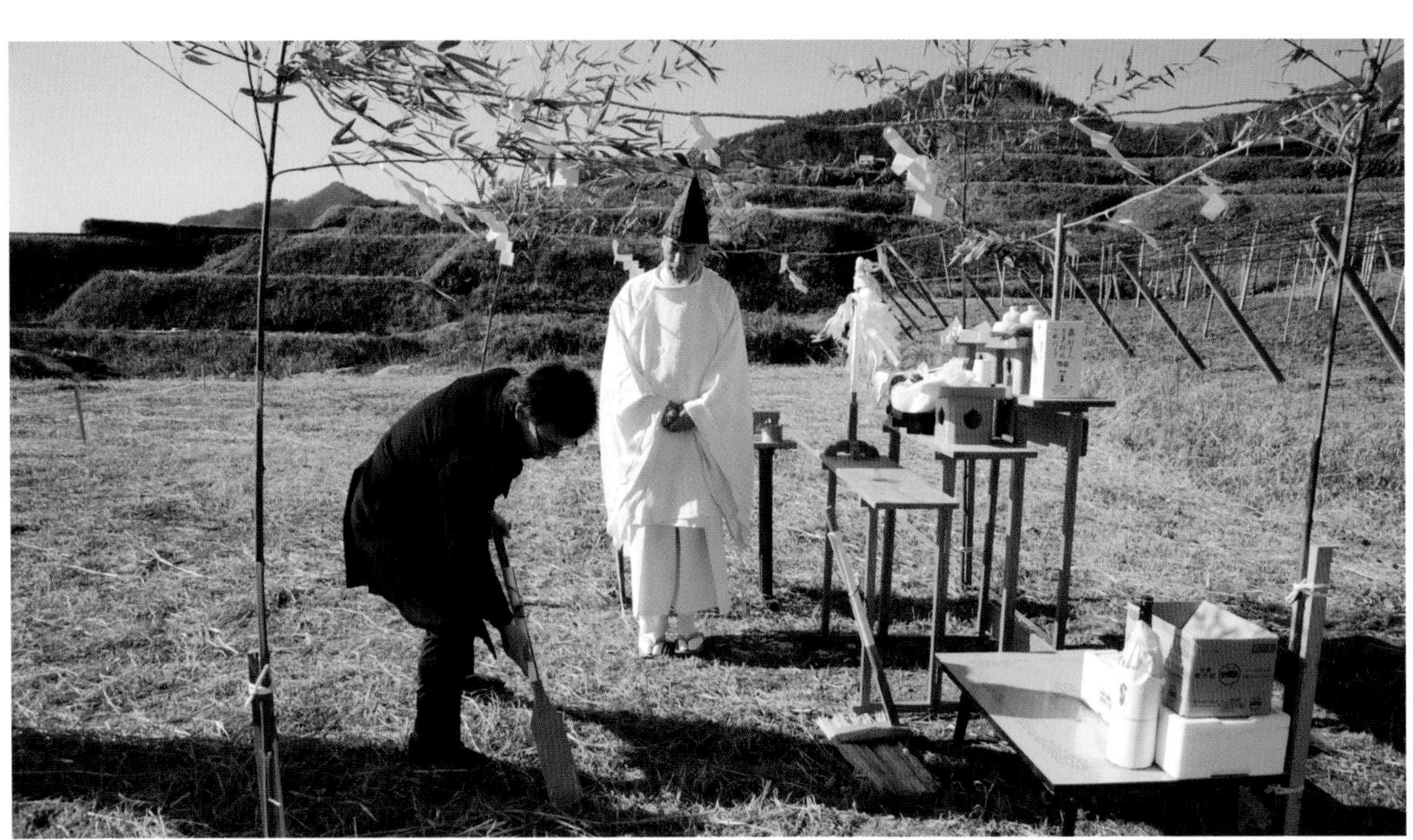

鍬で盛り砂を起こす穿初め（うがちぞめ）を行う息子･創

17

地盤

2010年1月26日 大安 快晴

いよいよ工事着工の日です。

まず、基礎造りのための地盤整地と耐圧強化のローラー工事が始まりました。

地盤は家造りでは最も大切な要素の1つです。

念には念をいれるために昨年12月16日にスウェーデン式サンディング調査を行い、地盤の性状を確認しました。問題がないことを確認したうえでの工事着工です。

綺麗に整地された現地

工事スタートを祝って棟梁宅で乾杯。左からベンクス氏、筆者、息子·創、野沢棟梁

18

……古民家の継承

解体前の旧數井家を縁側側面から見る

再生する古民家は、明治44年建築と記された棟札(むなふだ)が出てきたと聞いていたので、建築時期だけは特定できていました。が、それ以上の詳しい背景はわかりませんでした。

前所有者にお会いし、家にまつわる詳しいお話をお聞きしたいと思っていたのですが、連絡がつかず気になっていました。

2月に入ってようやく前所有者數井(かずい)正隆氏と連絡がつき、電話で話をすることができました。そして数日後、丁重な手紙と共に家に関する詳細な資料が送られてきました。

それによると……

數井家は越後国山五十公郷大原村（新潟県上越市安塚区大原）で江戸末期から村役（庄屋）を務めてこられた家系で、この家を建てられたのは數井氏の祖父とのこと。

明治34年に集落大火災があり42戸中29戸が被災。數井家も居宅が全焼し土蔵だけが残ったといいます。

數井氏の祖父は当時村長を務めておられ、自ら工事監督者として地元小学校を建築するなど建築に造詣が深かったようです。

こうした経験を生かし自宅再建に取り組まれたとのことですが、設計や資材の調達に約10年を要したとのことです。

そして

1910年（明治43年）4月14日　着工
1910年（明治43年）10月7日　地鎮祭
1911年（明治44年）5月6～7日　母屋建前
1911年（明治44年）10月5日　落成式

ちょうど100年前に完成したわけです。

數井氏の手紙にはこう記されていました。

「拝啓　暖冬予報もどこへやら、すっかり寒冬豪雪となりました。

ただ今上越市では、積雪150センチ、旧宅のあった大原では3メートルを超えているものと思われます。

このたびは拙宅をお引き取りいただきありがとうございました。

心から御礼を申し上げます。

と申しますのは、祖父が苦心して建てた家を私の代で無残にも潰してしまうのかと思うと、情けなさと、申しわけなさで心が痛む日々を過ごしてきました。

式台

書院造の客間

仏間。右が客間、左が囲炉裏のある居間

市村さんから、あなた様に引き取っていただき、山梨の地に再建されるとお聞きし、救われた思いで安堵しております。

さぞかし、祖父も家も喜んでくれることと思っております。改めて厚く御礼を申し上げます。

完成の暁には、是非とも伺わせていただきたいと考えています。

なお、「棟札」の件につきましては、当方に置いても飾るところがありませんので、家を大切にしてくださるあなた様に進呈いたします。

蘇った家に飾っていただくのがいちばん相応しいのではないかと思っております。

（後半略）」

とありました。

數井氏ご一家の思い出が詰まった家屋。

心して再生し、引き継いでいかねばと、改めて気持ちが引き締まる思いです。

大工棟梁·木挽棟梁が記された棟札

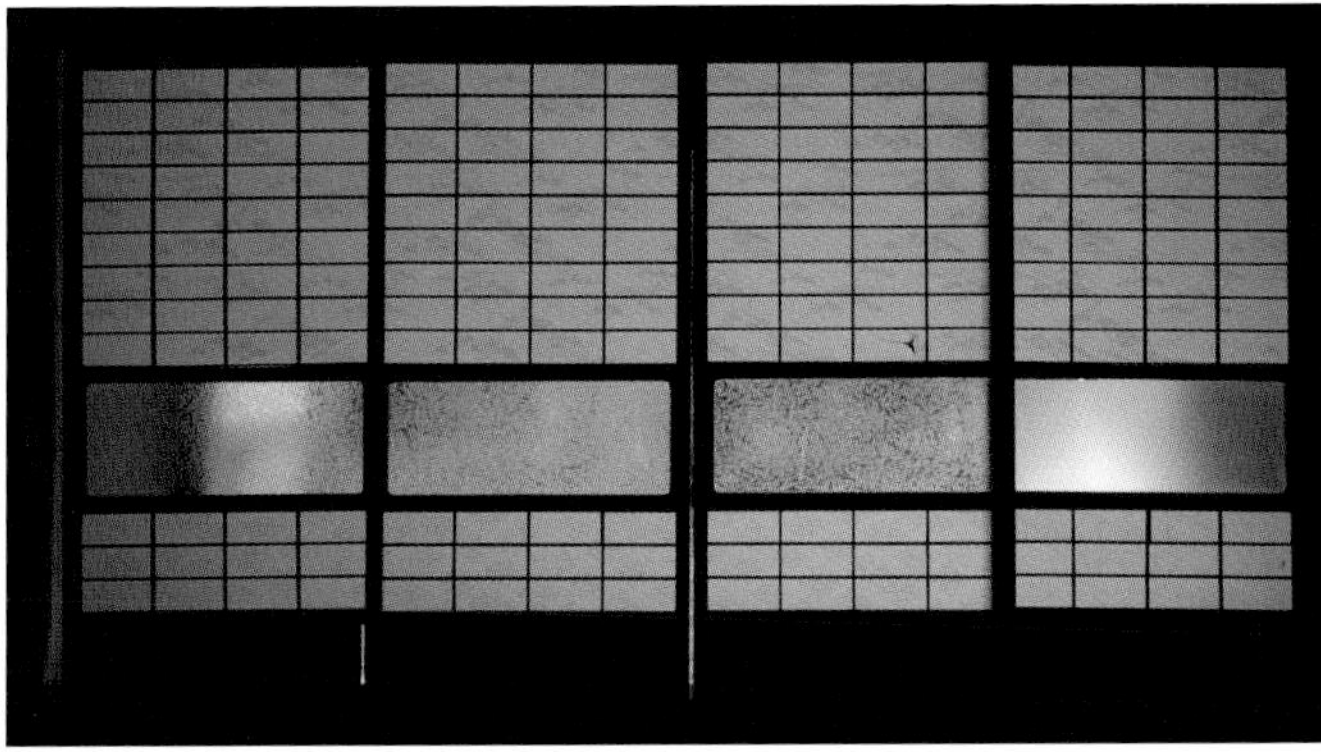

19

……にほんの里１００選　牧丘町

２００９年、朝日新聞社は創刊１３０周年記念事業の１つとして森林文化協会共催で、「にほんの里１００選」を選択し発表しました。建築現場の当地山梨市牧丘町は、この「１００選」に選ばれています。朝日新聞社・森林文化協会による選考方法は下記のとおりです。

もちろん、このことを知っていて牧丘の土地を取得したわけではありませんが、こうして選ばれたことを知った時は、山田洋次監督と寅さんのファンでもある僕はちょっと嬉しく思いました。

しかし、一方で世界遺産に選ばれた白川郷のように、行きすぎた観光地化で、まるでテーマパークのごとく多くの人たちが殺到して、プライバシーが無くなるような生活エリアになることを恐れてもいます。

まぁ、当分はそんなことにならないでしょうが……。

ともあれ牧丘町エリアは良いところです。

選定委員の皆さんも見る目があります。

加えて、この建築現場で自慢したいところがもう一点あります。それは現地から見る眺望の素晴らしさです。

眼下に甲府盆地が見え、真正面に富士の峰を見ることが出来ます。そして何よりの自慢は、目障りな電柱電線や見苦しい看板が一切目に入らないことです。

僕は長年日本全国各地で古民家や集落の撮影をしてきましたが、何処に行ってもこの電線電柱や看板が景観を汚しているのを目の当たりにし、また撮影の邪魔をされて閉口してきました。言わば電線電柱や看板は僕にとって天敵です。それがこの地では見当たらないのです。ここを古民家再生の地に選んだ大きな要因の一つが、このことでした。

人々の暮らしによって育まれてきた、すこやかで美しい里を１００カ所選ぶ「にほんの里１００選」選定事業を1月から始めました。（一部略）

対象となる「里」は集落と、その周辺の田畑や野原や草地、海辺や水辺、里山などの自然からなる地域です。【1】景観【2】生物多様性【3】人の営み――の3要素を選定基準としています。

応募のあった「里」の中から候補地を絞り込み、現地調査も行った上で、映画監督の山田洋次さんを委員長とする選定委員会が、総合的に判断して選びます。２００９年1月、朝日新聞紙面などで発表します。寅さんシリーズなどで全国をロケし、里にも詳しい山田さんは「くらしを映した里は大切なものです。寅さんの落ち着ける里をぜひ残していきたい」と話しています。

「里」の大切さを見つめなおし、地域の自信や活力につなげるとともに、生物多様性の確保や地球温暖化防止、自然の持続的利用に寄与する試みでもあります。

選定後には、各地で「里あるき」や「生き物観察会」、シンポジウムなどのイベントを行う予定です。この事業は朝日新聞の創刊１３０周年記念事業であるとともに、森林文化協会の創立30周年記念事業でもあります。

（森林文化協会　ホームページより転載）

第2章

古民家再生工事始まる

古民家再生コンセプト

古民家再生建築に着工するにあたり、基本的な考え方、コンセプトについて書いておきたいと思います。これは戦後以降から現代にいたる日本の住宅への疑問の裏返しといえるかもしれません。

［私が大事にしたい5つの古民家再生基本コンセプト］

□時が刻む空間と和らぎ
時を経た木や古建具で創られた安らぎと和らぎの空間。時をかけないと醸し出されない懐かしい民家創り。広い空間を楽しむ→小部屋で空間を仕切らない。柱・梁の空間美。

□伝統とモダン
日本の「和」の伝統的民家美をベースに、新しい生命と文化を吹き込み、創造的でモダン、快適な空間創り。

□体と環境に配慮した民家創り
心身の健康と環境に配慮し、風土に即した民家創り。

□遊び心
遊びの空間や野外展望を楽しむ

□本物（オーセンティック）志向
無垢の木、紙、漆喰、珪藻土や自然素材、塗料、本物の材料を使用する。

以上の基本方針にともない

①トータルデザインコンセプトは「和の伝統&モダン」
「シンプル&粋」
②伝統的な木造軸組構法をベースに地元の気候風土に即した建築をする。
③快適な生活ができる設備の設置。ex.床暖房、椅子での生活、機能的なキッチン
④本物の材料を使用する。しかし高級な材料は不要。
⑤木材は檜・栗・杉・桐等原則として国産材、地元産木材を使用する。
⑥合板・集成材や工業製品などのまがい物的な新建材、ビニールクロスなどの石油系建材は原則として使用しない。
⑦漆喰、珪藻土等を使う際も化学合成物質などの混ぜ物のないものを使用する。
⑧断熱材、塗料などは自然素材の羊毛や塗料を使用する。
⑨遊びの空間を楽しむために、屋根裏部屋や渡り廊下を活用する。野外展望を楽しむために、現地の展望を最大限生かした設計、眺望・夜景・星空を楽しむ空間創りを目指す。
⑩眺望を妨げないシンプルな庭造り

以上の原則をよ～く考察・研究し、大事にしながら建設を進めていきたいと考えていましたが、合わせて次の3点も基本方針としました。

①自ら家造りを楽しむ
②全て専門家任せにすることなく、できるところは自分たちでやること
③専門家に委ねるべきところは任せるものの、できる限り参加し共同作業をすること　また、このようなポリシーをもとに、次ページにあるような具体的な内容を書き記したペーパーを用意し、工事着工前にベンクスさんや野沢棟梁と打ち合わせを進めました。

「長谷川邸」古民家再生　建築基本ポリシー　ＮＯ２

2009年11月15日
和創工房
長谷川和男

古民家再生建築を開始するにあたり、工法や使用材料についての私の基本的なポリシー・考え方、および検討事項をまとめました。

建築着手前に内容について意見交換・調整をしておきたいと思いますのでご一読ください。

1. 木造在来軸組構法による建設
2. 自然素材を使用する。…高級な材料の使用は必要なし。
   ただし本物を使用。
   ヒノキ一等材（節あり）ＯＫ。
3. 特に室内空間には自然素材を使用する。…無垢の木、漆喰、自然素材塗料
4. 使用木材…ヒノキ、スギ、青森ヒバ、タモ、栗、国産材で自然乾燥or低温乾燥したものを使用したい。
5. 使用不可材料…石油系建材、ＭＤＦ、パーティクルボード、合板、集成材、石油化学製品である接着剤・塗料・ビニールクロス、プリントシートなど、まがいものは使用しない。
6. 段差のある畑地を平地にした土地であるため、地盤調査の必要はないか？
7. ベタ基礎了解。
   水抜き孔+ステンレス網および床下通気孔+ステンレス網の設置を準備する。
8. 土台は栗材使用を提案いただいているが、青森ヒバorヒノキ赤身芯材の使用の是非も検討したい。いずれにしても12センチ角材を使用。
   ねこ土台パッキング材に御影石or栗使用。樹脂使用不可。
9. 構造材…柱（間柱含む）、土台、大引、根太に無垢のヒノキ使用
   柱など構造材は原則として古色塗装するので一等（節あり）で可
   梁、小屋組みは松orスギorヒノキ

10. 根太…ヒノキ赤身芯材6センチ角、30センチピッチで構成。

11. 床フローリング…ヒノキ丸節特一等材（節あり）厚さ15ミリ使用

 捨て貼り用合板？（合板は原則として使用不可）

 下地板は？

12. 階段…ヒノキ一等材（節あり）使用。ドア枠、窓枠、幅木、回り縁などの造作材も無垢材使用。システムキッチンの戸扉などにタモ材？

13. 室内壁面…漆喰、聚楽壁、京壁、珪藻土。

 凸凹のある塗り方＝表面積を大きくする。

 珪藻土＝石油系接着剤が使われていないか要チェック。

14. 天井材…検討。

15. 野地板…ヒノキ一等材（節あり）使用

16. 断熱材…羊毛断熱材（100%ウール、10ミリ、ホウ酸処理）、一部で藁土壁も考えたい。

 発泡ポリスチレン、ウレタンフォーム、ポリスチレンフォーム等は使用不可

17. 塗料…ベンクス氏指定ドイツ製塗料使用。

 エマルジョンペイントの是非？

 オイルスティンは使用しない。

18. 外壁…サイディング、ダイライト使用の是非？ 検討要あり。

 漆喰、桐板（厚さ12ミリ）、スギ板（3センチ以上）、ＡＬＣ板、杉樹皮断熱材、シラスなど検討。

19. 南北に風が流れる通風のための地窓設置

20. 浴室…壁、天井に無垢のヒノキ、もしくは青森ヒバ使用（結露防止） タイル使用不可（寒い）

2

基礎

2010年2月10日 曇りのち雨

2010年1月26日にスタートした基礎造りは、耐圧、砕石敷をした上で鉄筋コンクリートベタ基礎が2月10日完成しました。

次は立ち上がり基礎鉄筋コンクリート打ちです。

鉄筋コンクリートベタ基礎の工事風景

基礎工事と同時進行で土台の材木を加工していきます。

土台には水に強い栗材をします。

しかしこの栗、最近は良材入手がなかなかに困難なのです。

野沢棟梁になんとか調達してもらいました。

土台に使う栗材の継ぎ手作り

野沢棟梁と息子の創

土台の継ぎ手

3 ……構造体組み立て

2010年2月25日 晴れ

今日、横浜では春一番が吹きました。

山梨現地では富士山の雪景色が今日もよく見えます。

基礎が完成し、土台の栗材を固定します。コンクリート基礎と土台の間に入れる「ねこ石」は、最近の家ではプラスチック樹脂製のものを使うことが多いようですが、100年単位の居住を前提に考え施工しているこの家では、半永久的に使えるであろう御影石製のねこ石を使用しました。

古材の加工修理をし、新たに仕口を作ります。

いよいよ構造体の古材の組み立て開始です。まず、中央部分の欅の柱と梁をクレーンで持ち上げ固定します。この欅の柱2本と梁1本の重量は合計600キロもあります。

見事な欅材です。樹齢何年くらいの欅から造り出されたのでしょうか。これだけの材を取るには少なくみても2～300年は必要ではないでしょうか。

材木は伐採してからセルロースの強度が増し、樹齢とほ

構造体の組み立てが始まる

ぼ同じ年数を経た時が、材として最大の強度になることが実証されています。また、大体、樹齢の2倍から3倍は持つといいます。上越から移築してきたこの家は築100年ですから、大切に使えばあと数百年は持つことになります。それを思うと実に貴重なものです。

なお、今回の古民家再生の構造体の施工方法ですが、建物の周辺の土台および壁面はコンクリートの基礎に固定しますが、欅材の柱で構成されている中心構造部分は固定せず、「石場建て」で施工します。石場建ては日本の伝統的な構法で、地震の揺れを減衰する効果が期待でき、また日本の高温多湿な気候にも適しているといいます。

いわば、伝統構法と現代工法のいいとこ取りを目指しているといえます。

仕口を作る

古民家の中心的構造体の欅柱。100年前の仕口大工仕事が見事！

メインの構造体の欅柱は石場建て。あえて固定しない

番付け順に組み立てていく

古材の加工修理

ベンクス氏と野沢棟梁

御影石のねこ石

構造体木組み

2010年3月11日 晴れ

前日は全国的に冷え込み、春の雪が各地に降りました。当地、山梨でも雪。雪景色を見ることができました。ここ数日天気が悪く工事が滞っていたのですが、今日は快晴。

1階部分の骨組みがほぼ出来上がる日です。

塩山市　遠くに見えるのは南アルプス

この柱と梁で約600キロ

背景に見えるのが塩山市街

5

桃源郷での作業

２０１０年４月６日 晴れ

例年より開花の早かった桜でしたが、開花後急に冷え込み４月に入ってから満開になりました。

再生現場近くの樹齢 330 年の慈雲寺枝垂れ桜

再生現地山梨は桜満開と同時に桃が咲き始めます。

桃源郷の季節です。

満開の桜と桃の競演（艶）は、それはそれは見事です。

甲州路が一気に華やかに彩られます。

春爛漫の中、古民家再生工事は屋根部分の構造体の準備に入りました。

今回の再生では、屋根部分の構造デザインを、元の古民家の切妻から入母屋造に変更するため、新材で構造体を作ります。

入母屋造りの屋根構造

扠首を作る

扠首の寸法を慎重に計測し、材料取りをする

まず、杉材で扠首（さす）を作ります。

山梨塩山地区の伝統的民家の形状と同じ45度の傾斜を持つ屋根にするために、慎重に計測します。

２０１０年４月12日　雨

扠首の設置が終わり、ようやく家らしい形状になってきました。

建物側面

6 ……諏訪神社御柱祭

2010年4月11日 雨のち時々晴れ

僕はおおよそ40年前、信州で学生生活をおくっていたのですが、それ以来諏訪神社の御柱祭を一度は見てみたいと長年思っていました。しかし、7年に一度しか執り行われないということもあり、なかなか見る機会に恵まれませんでした。

諏訪神社の結界として使用する巨大な木を山から伐り出し、多くの氏子が祝いながら何日もかけて里を引き回し神社に奉納するこの祭りは、古民家再生の精神にも相通ずるものがあるのではないか。なにより、縁起がいいのではないかと独り合点。今年こそなんとか見てみたいと思い立ちました。

幸い学生時代の友人判在賢次郎君が諏訪在住で地元マスコミ関係の仕事をしており、彼の案内で見学することができ、念願がかないました。

当日は朝から生憎の雨模様。

しかし、御柱木落しが始まると天の神様が気を利かしてくれたのか俄に晴れ出しました。

御柱は1本の長さが20メートル強、直径1メートル、重さは10トン以上もあるといいます。

この柱を数百人の氏子が木遣りを謡いながら荒縄を編んだ綱で曳いていきます。

この祭りのクライマックス「木落し」の急坂に、いよいよ御柱が引っ張てこられました。

まず、氏子たちの木落しに対する心意気が書かれた大きな横断幕が紹介されます。

続いて清めの塩が撒かれます。

木遣りを謡い、氏子全員の声を合わせての雄叫びが会場にこだまします。

応援のラッパが鳴り響きます。

木落し合図の旗が白旗から赤旗に変わりました。

いよいよスタートです。

①御柱を氏子が木遣りを謡ながら曳いていく

②祭りのクライマックス「木落とし」直前

③横断幕を披露する

見学者も息をのみ静寂に包まれます。

会場全体に異様な緊張感が満ちます。

巨大な御柱がゆっくり動き出したかと思うと一気に急坂を下っていきます。

坂は最大斜度35度、平均斜度32度。

御柱には10人ほどの氏子が跨がって乗っていますが、あまりの急坂とスピードに降り落とされていきます。

綱を曳いていた氏子も巻き込まれてあちこちでひっくり返っています。

中には宙返り一回転という氏子も見えます。

まさに命がけです。

④清めの塩が巻かれ、応援のラッパが鳴り響く

⑦綱を曳いていた氏子も巻き込まれてあちこちでひっくり返っている

⑤巨大な御柱がゆっくり動き出したかと思うと一気に急坂を下っていく

⑧まさに命がけ

今年は死者は出なかったようですが、過去には何人もの人が事故死しているといいます。

約100メートルの急坂を一気に落ち、ようやく止まった御柱に興奮した多くの氏子が群がり木落し成功の喜びを発散します。

こうして当日は3本の御柱が木落しされました。最後の1本は今年の御柱では最大のものだったということです。

この御柱は上社春宮と秋宮用8本、下社春宮と秋宮用8本の計16本が木落しされるわけですが、祭りでは一日に2、3本の木落しをして都合6日間に渡って執り行われます。

私が見学したのは最終日の3本で、まさに祭り全体のクライマックスといってもよい盛り上がりでした。

木落し見学後、下社神社にお参りし、古民家再生成功と安全祈願をし諏訪をあとにしました。

⑨急坂を一気に落ち、止まった御柱に興奮した氏子が群がる

⑥氏子が跨がって乗っているが、あまりの急坂とスピードに降り落とされていく

上棟式

２０１０年４月19日　晴れ

麗らかな春の日差しが降り注ぐこの日、柱・棟・梁などの基本構造が完成し棟木も上がり、古民家再生工程の大事な１つのステップの日を迎えました。上棟式の日です。

構造体全景

上棟式といっても形式的な儀式は特にはしません。今後の工事の無事と完成を、そして末永くこの再生民家が生き続けてくれることを祈り、屋根の構造体に地元産の甲州白ワインをかけます。

地元の白ワインをかけて工事の安全と完成、再生古民家の将来を祈願する

その後、春の暖かい日差しの中で、スタッフの皆さんと一緒にワインで乾杯し、バーベキューを楽しみます。

建築デザインを共同で担当していただいているカール・ベンクスさん、建築を請け負っていただいている棟梁の野沢昌夫さん、スタッフの楠 芳さんと甥っ子の同じく楠 齋さん、武藤正さん、古屋彰彦さんと施主の私の計7人での野外バーベキュー上棟パーティーです。

地元産の甲州白ワインがバーベキューに良く合います。

ワインもバーベキューも実に美味です。

最高のスタッフと最高の気分で呑むワインは心地よく体内を巡り、ますます気持ちを快くしてくれます。

これまで雨の日が多くスケジュール的に若干の遅れが出ていますが、急ぎ働きはしない方針ですから、それ以外は古民家再生工事はあらゆる意味で順調に進んでいます。

棟上げを祝ってか今日も富士山が顔を出してくれています。

最高の気分です。

前列左から野沢棟梁、カール・ベンクスさん、武藤さん、後列左から古屋さん、楠 芳さん、楠 齋さんと筆者

8……建築デザイナー

カール・ベンクスさん

今回の古民家再生で僕と共同で建築デザインを担当していただいているドイツ人カール・ベンクスさんを紹介しておきたいと思います。

ベンクスさんは第2次世界大戦中の1942年、ドイツのベルリンで生まれています。

彼のお父さんは彼が生まれる1ヶ月前に戦死されたとのことですが、お父さんは教会画を修復する画家で、日本の文化を愛し、自宅には浮世絵や日本刀、日本に関する書物が残されていたそうです。

このことが後年ベンクスさんが日本に関心をもつ大きなきっかけになるのですが、中でも建築家ブルーノ・タウト著の『日本美の再発見』には大きな影響を受けたと言います。

戦後、ドイツは東西に分断され、東側に住んでいたベンクスさん家族は東ドイツ国民になります。

しかし、彼は自由を求めて1961年19歳の時、ベルリンの壁ができる直前、単身で川を泳ぎ有刺鉄線をくぐって西ベルリンに脱出します。

その後、西ドイツで内装の仕事をしている時たまたまTVで見た空手に関心を持ち、空手を習うためにパリに移住します。

パリでは空手道場に通うかたわら建築デザイン事務所で働くようになり、建築との関わりを深めていきます。そして1966年、ついに憧れの日本で空手を学ぶために日本大学に留学します。24歳の時でした。

空手留学時代の愉快なエピソードがあります。

彼の190センチ余の身長とがっちりした偉丈夫に目を付けた某映画プロデューサーが、当時人気映画シリーズだった加山雄三主演「若大将シリーズ」の柔道の敵役としてベンクスさんを抜擢し映画に出演させたのです。

若大将加山雄三と対決しているこの時のスナップ写真を見せてもらったことがありますが、なかなかに堂に入った「悪役」振りではありました（笑）。

実際のベンクスさんはジェントルで実に心優しい人柄で

ドイツ・ベルリンのシンボル、ブランデンブルグ門

す。念のため……。
留学中のベンクスさんは空手の練習に打ち込むと同時に、もう一つの関心分野である日本の建築を見て回ります。そしてその美しさ、技術の素晴らしさを発見していきます。また東京で内装やディスプレイの仕事をしながら建築分野の職人とも知り合いの輪を広げていきます。

7年間の留学の後ドイツに戻り、デュッセルドルフで日本の古民具や骨董を扱う店を開きます。そして同時に日本の民家や茶室をヨーロッパ各地に移築する仕事を始め、日本の民家との関係を深めていきます。

この仕事のためにドイツと日本を行き来するのですが、1993年に日本民家の移築希望者の依頼を受け、新潟南部東頸城郡の豪雪地帯松代町竹所（現十日町市）に初めて足を踏み入れ、山深い中に点在する棚田の素朴な田園風景と、一軒の古民家とに運命的な出会いをします。

古民家は築180年の廃屋同然の茅葺き民家でした。

当時の写真を見せてもらったことがありますが、外観を見る限りでは再生して住もうとはとてもじゃないけれど誰も思いはしない、といったまさに廃屋民家です。

しかし彼はここに「美」を発見したのでしょう。この廃屋古民家を土地とともに取得し、自ら再生工事に取り組みます。

そして完成したのが日本でベンクスさんが手がける古民家再生第1号、現在自宅として使用している「双鶴庵」です。

側面から見た双鶴庵

東頸城郡松代町（現十日町市）周辺の景色

9 ……カール・ベンクスさんとの出会い

僕がカール・ベンクスさんに初めてお会いしたのは今から23年前の1998年のことだったと記憶しています。

新潟の辺鄙な山奥に、ユニークな古民家再生をして住んでいるドイツ人がいる、と聞いたので興味津々の思いで訪問したのです。

この古民家再生物語の前半にも記していますが、私は1980年代中頃から古民家に関心を持ち始め、全国各地の古民家や古民家集落を訪れていました。

古民家を再生した家造りにもぜひともチャレンジしたいと思っていました。

そんなことで古民家再生事例が見られるとの情報があればたとえ遠方でも出かけて行って見、撮影するようにしていました。しかし、当時はまだそんなに事例は多くなく見るチャンスは限られたものでした。そうした中での情報、それもドイツ人が！

僕は勇んで新潟・松代町に向け車を飛ばしました。

初めて「双鶴庵」を見た時の印象は鮮烈でした。今まで見てきた古民家再生とはひと味もふた味も違う。日本人の感性、感覚ではなし得ない建築デザインだと思いました。

双鶴庵全景

ほんの少しの間見学して失礼するつもりだったのですが、「双鶴庵」の空間に身を置くと何とも居心地が良く時の経つのを忘れ、結果として2、3時間はお邪魔していたのではなかったでしょうか。

日本の伝統的な和の様式を尊重しつつ、ヨーロピアンテイストというか、程よいモダンさを絶妙に取り入れた建築デザインはまさに目から鱗の思いがしました。

当時僕はリクルートで住宅情報事業の責任者をしていました。

そこでこの素晴らしい家を多くの人に知ってもらいたいと考え、後日編集スタッフを同行し取材で再び訪れました。

「双鶴庵」紹介の編集記事を掲載した本への反響には、確かな手応えがありました。

後年ベンクスさんにお聞きしたところ、この記事が「双鶴庵」とベンクスさんを取り上げたパブリシティ第1号だったとのことです。

この記事がきっかけになったかどうかはわかりませんが、その後ベンクスさんには、新聞、雑誌、TVなどから次々と取材が入り、一躍知る人ぞ知る存在になっていきます。

それと同時にベンクスさんの古民家再生事業が本格化していき、現在では竹所に6棟、新潟県下や首都圏に30数棟、合計60棟もの再生古民家を実現し、この分野でのスペシャリストの一人として大活躍しています。

ところで、僕はこの出会いをきっかけに、その後機会があるたびに松代町竹所を訪れました。時にはファミリーでお邪魔し双鶴庵でひと時を過ごさせてもらったり、奥方のクリスティーナさんの手料理をごちそうになったりもしました。

また双鶴庵についで造られたイエローハウスやベンガラの家など、他の場所でベンクスさんが造る再生民家を見てきました。

妻（千惠）と共にベンクス邸「双鶴庵」を訪問する（1998年8月）

同時にこの頃よりようやく日本各地で古民家再生が注目され始め、多くの建築家による古民家再生事例が出始めてきます。当初はこんな古民家再生で良いのだろうかと思うような事例や、設計者や施工業者が不慣れなため施主とのトラブルが起きたりといった事例も見聞きしました。

他方で個性的で優れた再生事例も造られてきます。

僕は、そうした事例も数多く見させていただき撮影をし、出版物や写真展を通して発表してきました。

そうした経過を経て、結果的に、僕も妻もそして家族も、感性というか心に響いてくる建築デザインはベンクスさんのデザインだなぁとの思いを深めていきました。そして、いつになるかは分からないけれど、もし僕が古民家を再生する時が来たらぜひともベンクスさんのデザイン力・センスをお借りしたい、と思いを定めていったのです。

民家フォーラムにベンクス氏と共にパネリストとして出演
（1999年11月大阪にて開催）

10

再生古民家　全貌現れる

2010年5月28日 晴れ

桜や桃の花が咲く季節が過ぎ、青葉が繁り果実が実る季節がやってきました。

再生現地へは、車で中央高速勝沼ＩＣで降りフルーツラインを通り牧丘方面に向かうのですが、まさにこの名のとおり路は緑豊かな果樹園の中を通過していきます。

フルーツラインの両側にはサクランボが実っています。

工事現場周辺の巨峰ぶどう畑

今年は天気不純の期間が続いたためいつもより1、2週間遅いとのことですが、6月の初旬から収穫の本番を迎えます。

ほんのり甘い美味なさくらんぼです。

日本で最も良質といわれるぶどうも実り始めています。

果樹園のご夫婦が実の手入れをしていました。

一房一房手塩にかけて栽培し、夏から秋にかけて日本一の巨峰が出来上がっていきます。

さて、古民家再生工事は屋根設置の段階に進み、建物の全貌がようやく姿を現してきました。

ぶどう畑での作業

ぶどうが実り始めた

さくらんぼ

内部木組み

合掌屋根

再生古民家内部

再生古民家北側外観

11

棟梁　野沢さんとスタッフの皆さん

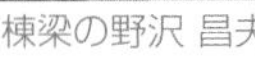
棟梁の野沢 昌夫さん

今回の古民家再生工事を請け負っていただいている棟梁野沢さんとスタッフの皆さんの紹介をしましょう。

まず、棟梁の野沢昌夫さん。58歳（工事当時の年齢、以下同様）。

中学卒業と同時に山梨県下の建設会社に就職。住宅から大型公共施設まで幅広く現場を経験する一方で夜間学校に通い勉強、二級建築士の資格を取得。その後、自分の納得できる住宅を専門的に造りたいとの思いで独立し野沢住建㈱を設立。まだお若いが建築経験年数43年という豊富なキャリアの持ち主です。

僕が野沢棟梁と知り合ったのは2003年のことでした。

妻（千惠）は琴・三絃の演奏家だったのですが、山梨市牧丘町にある宮城県から移築再生された豪壮な古民家「河合邸」で、彼女が演奏をする機会があり、僕も同行しました。その際、野沢さんも演奏会に来られており、施主の河合嘉徳さんから、古民家再生を施工した人だと紹介されたのが、野沢棟梁でした。

その時の野沢さんは、今思うと演奏会に関心があるというよりは、自分が施工した建物がその後どうなっているか、何か問題は起こっていないか、まるで嫁入りさせた娘を愛おしんでフォローしているかのように、建物のあちこち

本棟造りの再生民家の野沢邸

ビック楠こと大工棟梁の楠芳さん

を見回り、柱をなでたりしている姿が印象的でした。

その後、僕は土地と古民家探しにたびたび牧丘地区を訪れるようになるのですが、それから3、4年後だったでしょうか、古民家再生中の現場に遭遇しました。その現場はまるでセルフビルドのようなゆったりしたペースで再生工事が進んでいました。聞くとその現場は野沢棟梁自身が住むための家を造っているとのこと。

僕は、どのような古民家再生になるのか関心を持ち、その後山梨に出向く時は必ずその現場の前を通るようになりました。

そして出来上がった家が右ページの写真です。

元の建物は山梨県下の古民家だそうですが、棟梁が古民家再生に取り組もうと思った原点が長野県塩尻地区の本棟造（ほんむねづく）りであったことから、その様式の建物にしたと伺っています。

先の宮城県からの移築再生事例「河合邸」といい、ご自宅の再生民家といい、実に見事な再生事例だと思います。

そして、僕が現在古民家再生中の土地が、野沢棟梁の紹介で見つかったという縁もあり、今回の工事を請け負っていただいているというわけです。

次にスタッフの方々の紹介に移りましょう。

まずは大工棟梁の楠芳（くすのきほまれ）さん。51歳。

この方も経験年数30年という大ベテランです。大変寡黙な職人さんで、一見すると野沢棟梁より年配に見え、貫禄があります。知らない人が見ると楠さんのほうが棟梁にふさわしく見えます（笑）。まぁ、実態は棟梁2人制なのかもしれませんが……。なお、楠親方は職人さんではあるのですが、なんと一級建築士の資格をお持ちです。

釣りが趣味とのことで仕事が一段落すると太公望に変身するようです。

次に若手の楠齋（くすのきひとし）さん。27歳。

楠芳さんの甥っ子さんとのことです。お聞きすると楠ファミリーは大工一家で、親族の多くの方が大工業に就かれているそうです。斎さんのキャリアは6年でまだ修行中とのことですが、今回の仕事が自分にとってまたとない良い経験・キャリアになると意欲的で、張り切ってやっていただいています。

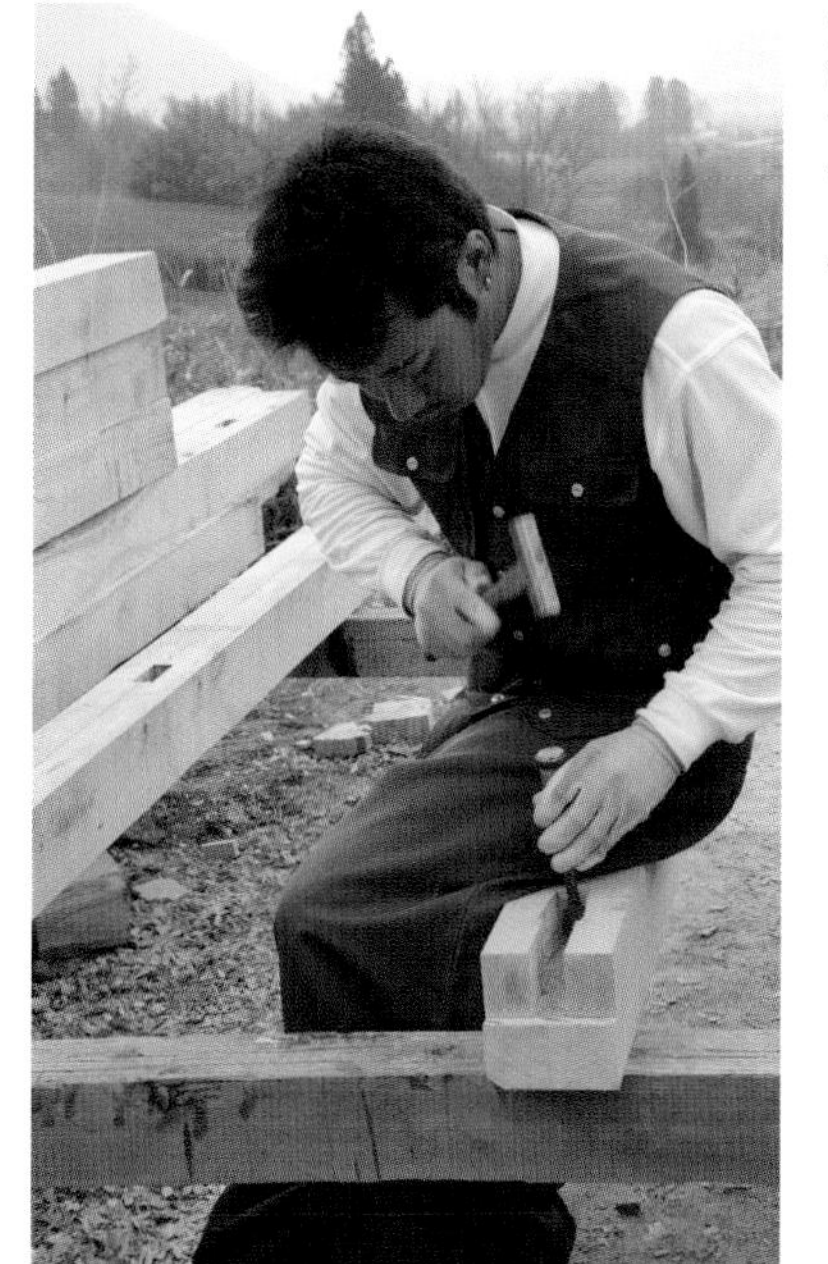
ヤング楠の楠齋さん

なお、工事現場ではお二人を呼び間違えないように、楠芳さんをビッグ楠、楠齋さんをヤング楠と自然と呼ぶようになっていきました。

3人目が古屋彰彦さん。51歳。

本職は建具屋さん。建具の仕事と大工の補佐業務が役割です。補佐といってもそこはキャリア25年のこれまた大ベテランの1級建築大工技能士。さすがにベテランらしく動きに無駄がありません。テキパキと緻密に小気味よく仕事を進めていきます。

最後に、武藤正さん。68歳。

以前、野沢棟梁と同じ会社に勤務していた縁で野沢棟梁と一緒に仕事をしているとのこと。現場のこまごました仕事を一手に引き受け、実に真面目に取り組んでいらっしゃいます。高所での作業などの軽やかさはとても68歳とは思えません。

このような現場スタッフ5人とベンクスさんと僕の計7人が現在の中心メンバー。いわば「7人の侍」といったところでしょうか（笑）。

古屋 彰彦さん

武藤 正さん

少数精鋭!?

少数が精鋭を創る!!??

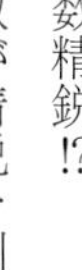

どちらかはわかりませんが、ともあれ僕はもちろんのこと、スタッフの皆さんも楽しんでやっていただいているのが何よりのことと思っています。

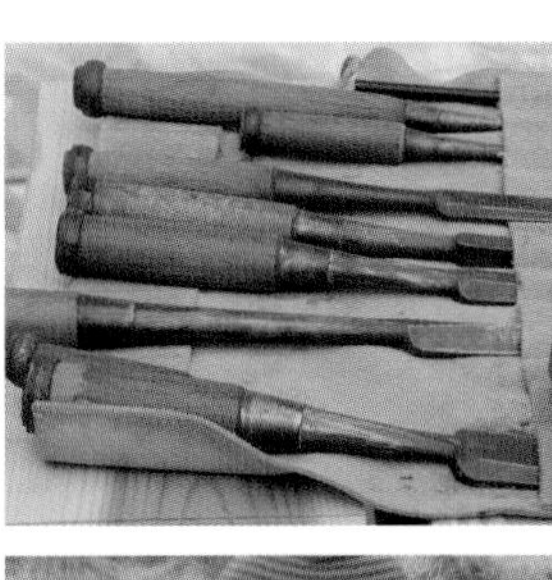

100年前の大工たちによる複雑に構成された木組み

伝統的木造軸組構法のかなめ

伝統の技、継ぎ手による柱の修復

12

古民家の夏

2010年7月8日 晴れ

梅雨時の中、今日は梅雨晴れの一日。日差しは本格的な夏日です。

春、桃源郷を楽しませてくれた桃畑には、収穫を間近に控えた桃の実が豊かに実っています。

葡萄の房もかなり大きくなってきて、一房一房に農薬散布から実を守るための紙袋が被されていきます。

まことに丹念な作業です。こんな手のこんだ作業をする国は、日本以外まず海外にはないでしょう。

さて、古民家再生の工事は屋根葺きと壁面および床張りの工程に入ってきました。

屋根は銅葺きも候補の1つに考えていたのですが、材料の銅の大変な値上がりで断念。ガルバリウム鋼板段葺を使用します。

ガルバリウム鋼板も普通の鋼板よりやや高いのですが、その分長持ちするようですし、この材料でも銅を使用した

ような微妙な曲線を表現することが可能、ということでこれに決定です。

屋根葺きを担当していただくのは、１９１７年創業以来１００年になんなんとする歴史ある武井板金工業所。

3代目武井博武さんと4代目武井修さんお二人の意気のあった仕事振りです。

３代目武井博武さんと４代目武井修さん

お若い4代目は「どんなことでも申し付けてください。何としてでもやり遂げてみせますから！」と意欲的かつ気っ風の良さ。

一緒に仕事をするのが楽しくなります。

高所での仕事ですから「くれぐれも事故のないように！」とお二人に声をかけます。

13

床張り

2010年7月21日 晴れ

この日はこの夏一番の厳暑でした。

前週末に新潟松代町のベンクス ハウス オープン記念パーティーがあり出席してきました。

ベンクス ハウスは、カール・ベンクスさんが、町の活性化の拠点にするために、古い旅館を買い取り、レストランと事務所として見違えるように再生したものです。ベンクスさんらしい素晴らしい再生で、改めて新鮮な刺激を受けてきました。

その後、富山散居村、三国、滋賀県長浜、茅葺の古民家集落・京都美山町等の町や民家の写真を撮りながら旅をし、帰路、岐阜御嵩の友人宅を訪問後、牧丘の現地に帰着しました。

ベンクス ハウス

再生現地では床張り工事が佳境に入っていました。

現場では、強力な助っ人に加わっていただいていました。大工ヤング楠さんの父上楠幹夫さんです。お父さんも大ベテランの大工さんです。

ビック楠さんはヤング楠さんの叔父さんであることは前述しましたが、その他にも親戚には大工の方々が多いそうで、楠ファミリーはまさに大工一大ファミリーなのです。

大工親子のスナップ。二人のまさに天職を楽しんでいるかのような笑顔が素敵だ

ところで、木の板には、節のある板目と節の無い柾目がありますが、今回の床材には無垢の檜材の節あり板目を選んで使用しました。出来上がりのデザインを考えての選択です。

僕は、数寄屋普請のように、これ見よがしに木目が真っ直ぐの柾目だけを集めて造った造形が、必ずしも美しいとは思いません。むしろ、木目に節があり雲のような曲線を描いている板目の造形が、古民家にはふさわしいし、美しいと思ったからです。むろんこの方が価格がお手頃というメリットもあります。

また通常最近の床材の幅は7、8センチのものがほとんどですが、床スペースが広いということもあり、野沢棟梁に無理をお願いし、長さ4メートル×厚さ4・5センチ×幅24センチの檜材を調達していただきました。

この床材が張り巡らされた空間が出来上がるのが楽しみです。

長さ4000mm×厚さ45mm×幅240mmの檜材

14

断熱材とロフト

2010年8月9日 曇り小雨

このところ日本全国異常な暑さ。

8月初旬、久しぶりに北海道に足を踏み入れました。函館、江差、小樽と北海道では比較的歴史のある古い町の探索と撮影が目的でした。

もちろん、本州の暑さから逃れて避暑も兼ねて、と甘い期待をして行ったのですが、北海道もかつてない異様な暑さ。初日こそ北海道らしい清々しい大気に包まれましたが、その後は首都圏と変わらない!!これが、北海道かい⁉

夏の北海道には何度か訪れていますが、こんなに暑い夏は初めての体験でした。

ともあれ、今年の夏はどこも暑かったですね。しかし、暑さにも負けず古民家再生現場は着々と進展しています。

この暑い中、断熱材工事が今日のテーマです。

ここ、山梨市牧丘町はさほど冬の冷え込みは厳しくないと聞いています。最も冷え込む時で零下3、4度。雪も年に何度か降るようですが、さほど積もることもないようです。

とはいえ、古民家再生住宅で快適に生活するには、やはり暖房対策は重要なアイテムの1つです。

断熱材には当初、安価で作業効率が良いため広く普及しているグラスウールを使う仕様だったのですが、わが古民家では使用しないことにしました。

その理由は、グラスウールの素材に使われているガラス繊維の粉塵を吸い込むことによって、呼吸器系の病気の発症や目や皮膚にも悪影響を起こす恐れがあるからです。アスベストに比較すると繊維が太いから安全だという人もいますが、より安全性を高めるための判断です。

それと、今回の古民家再生コンセプトの1つは、できる限り自然素材を使って造る、ということでもあります。

そこで選択したのは天然の羊毛、すなわちウールです。

加えて、棟梁の野沢さんからコスト的な面からの提案があり、古紙で作った断熱材も併用することにしました。

天井・壁面は10センチ厚の天然ウール断熱材を、床下にはこれまた10センチ厚の古紙断熱材を使うという設計です。

また、今回の再生工事設計の見所の1つである3階ロフト部分の工事も形を表してきました。

完成の暁にはここから塩山の町、そして富士山がどのように見ることができるか、楽しみです。

10cm厚の天然ウール断熱材

3階ロフトスペース

15

暖房

2010年8月

真夏なので、あまり気が進まないのですが、断熱材の話に合わせて暖房の話を続けます。

暖房についてはいろいろな手段を検討しました。

エアコン、床暖房、薪ストーブ、ペレットストーブ、太陽熱利用暖房、地熱利用暖房、パネル式温水暖房システム、パッシブ換気システム、深夜電力蓄熱暖房などなど実にさまざまな方法があります。

また、床暖房だけを取り上げても熱源が電気かガスか、電熱式か温水配管かなど、これまたいろんな方式があって、本当にどの方式が一番良いのか素人にはなかなかジャッジできません。

一方、冷房ですが、当地仙口は標高680メートルの地にありますから、冷房はあまり必要ないかもしれません。

横浜の自宅ではエアコンは不可欠ですが、ここ現場に来ると日中の日差しは強くても、日陰に入ると真夏でも過ごしやすく、夜は涼しく感じます。現場のすぐ近くに住む野沢棟梁に聞くと、棟梁の家にはエアコンは入れていない、夏は扇風機で十分。冬は石油ストーブで過ごしているといいます。

子供たちもエアコンで流れる空気を嫌がり、使いたくないといいます。

いろいろ迷った結果、あまり早い段階で過剰な設備投資をすることはやらないでおくことにしました。ただ、あとからでは設置が大変になる電気式床暖房をメインの居間とキッチンに設置することと、緊急避難用も兼ねて僕の居室になる予定の一室だけにエアコンを設置することにし、あとは実際に住みながら対応することにしました。

それと前項に記した、十分な断熱材の使用と、あとに記す木製ペアガラスサッシや障子の設置などには十分な配慮をしました。

16

結露

再生古民家には、大型のガラス戸から各種の窓まで多く取り付ける予定です。これらは、ペアガラスの木製サッシと障子との組み合わせで施工する計画ですが、このことは後述します。

これは断熱効果を意識してのことですが、断熱・暖房と関連して一点言及しておきたいことがあります。それは、冬の結露のことです

実は、僕は横浜の自宅マンションでの生活で、ガラス窓や戸の結露とそこから発生するカビに長年悩まされていました。

このマンションの当初の施工は、シングルガラスのアルミサッシとカーテンという組み合わせでした。

そこで断熱効果を高めたいと考え、自費でまずガラスをペアガラスに変更しました。それでほんの少し結露は少なくなりましたが、それでもやっぱりアルミサッシである限りは結露は無くなりません。

しかし、アルミサッシは共用部分ですからマンションの管理規約の規定で、勝手には変えられません。

そこでやむなく、カーテンを取り外し、ガラス戸や窓の全てに障子を取り付けてみました。

これは、マンション居室を民家風にしたいという思いからやったことでもあったのですが、これが大成功でした。断熱効果がより高まるとともに結露が格段に少なくなったのです。

この成功体験から、今回の古民家再生では壁や床・天井にしっかりと断熱材を入れると同時に、ペアガラス木製サッシと障子を組み込んだのですが、結果的に結露はまったく発生していません。

17 ……家族会議？

今年の夏は全国的に猛暑！酷暑！極暑！の連続。

再生現地、ここ山梨市牧丘町も例外ではありません。それでも、現地は標高680メートルの丘にあるため、幾分過ごしやすくはあります。

夏休みで勤め先の京都から帰省した長女（麗）と、2年間のイギリスでの留学を終えた長男（創）が帰国し、久しぶりに三人そろって現地を訪問。

ベンクスさんと野沢棟梁と猛暑の中、打ち合わせです。

本日のメインテーマは

広い土間をどのようにデザインするかです。

娘も息子も美術関係の勉強・仕事をしているためなかなかにユニークなアイデアや意見が出ます。

無論、ベンクスさん、棟梁、そして僕からも……。

「船頭多くして船山に上る」ことの無きよう、要注意です（笑）。

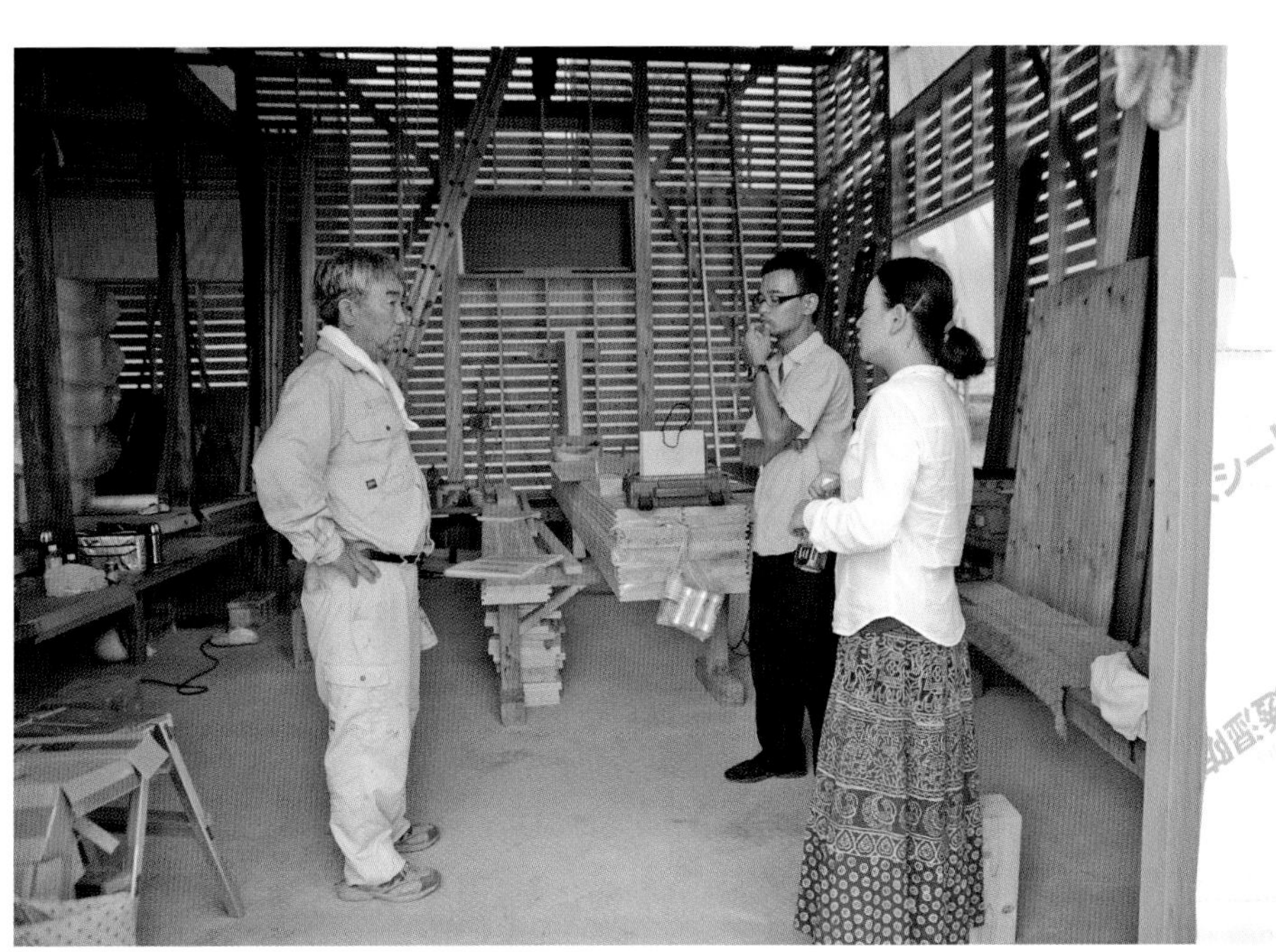

野沢棟梁と長女の麗、長男 創

18

無垢の木材

2010年9月10日 曇りのち晴れ

この物語の中で何度か言及していますが、今回の古民家再生では、出来るかぎり天然の素材を使用することを重要なコンセプトの1つにしています。

そして、その中で最も重要な素材は「木」、それも「無垢の木」です。

古民家の古材はもちろん無垢の材木ですが、新材も無垢の木を、それも国産材を使用する方針でスタートしました。

データ上での性能が良いとのメーカーのうたい文句があっても、集成材やパーティクル材は使用しない方針です。

なぜなら、まず無垢の木は、それも国産材は、言うまでもなく日本の自然の中で育ってきていますから、日本の高温多湿の気候に適合していて長期の使用に耐えます。

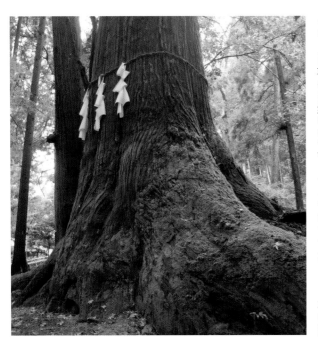

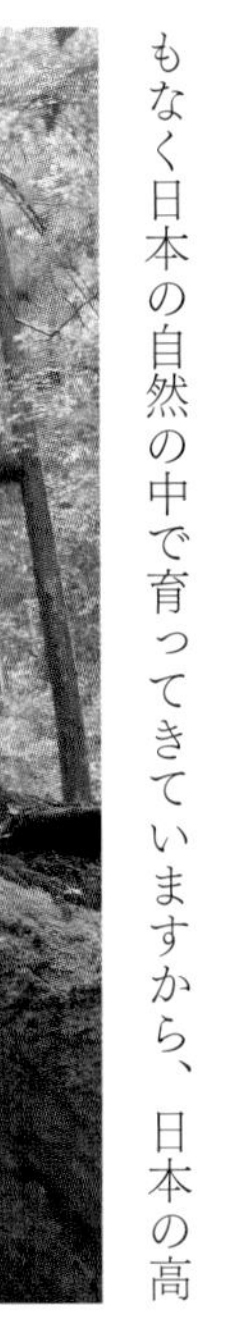

また、木はもともと機能的に調湿効果があり、木を使うことで室内の湿度を調整し、常に快適な空間に保つことができます。これは、「木は呼吸をしている」と表現されるように、伐採され材木に加工された木でも、特に無垢の木は、周囲の温度や湿度に合わせて空気中の水分を吸ったり放出したりしているからです。

今少し具体的に書けば、通常、建築用の材木は、含水率が10％～20％くらいまで乾燥させたものを使いますが、これが室内が乾燥している秋から冬場では、木の中に含まれている水分を放出して縮み（含水率12％前後）、逆に湿気の多い夏場には、余分な湿気を吸収して膨らみます（含水率18％前後）。こうした現象が「木材は生きている素材」といわれる所以でもあります。しかし、加工した集成材などには、この効果はあまり期待出来ません。

加えて、木の内部にはクッション性があり、ある程度の衝撃も吸収します。さらに、金属やガラス、コンクリートに比べると熱伝導率が低く、断熱性に優れています。さらには、杉や檜の芳しい香りは、人をリラックスさせる効果まであります。

こんな素晴らしい素材を使わない手はありません。

しかし、この木について我々は意外と知らないことが多いのです。

そんなことで、今日は今回の再生工事に材木や断熱材を納入していただいている地元の藤原材木店の事務所兼資材置き場に訪問して俄「材木講座」受講です。

藤原木材店は、地元塩山で昔から山林業を営んでこられ、3代前から木材業を始められたといいます。社長の藤原一茂さんに広い敷地の材木置き場を案内いただきながら、材木についての講義開始です。

板目を見ただけではそれが何という木か素人にはなかなか分かりにくいものですが、藤原さんは分かりやすく説明をしてくれます。

そんな説明の中で驚いたことが1つありました。

それは、藤原材木店で取り扱っている年間木材出荷量中の無垢材シェアを聞いた時でした。質問した僕は少なくとも3～40％はあるだろうと予想していたのですが、なんと取り扱いシェアは約10％とのこと。

「ムム!!?わずか10％!!?本当?……」。

耳を疑い、思わず聞き直してみましたが、聞き間違いではありませんでした。驚きました。

材木置き場を案内してもらいながら説明を受ける

藤原材木店社長の藤原一茂さん

19

蔵戸と古建具

２０１０年９月14日 晴れ時々雨

古民家再生に欠かせない１つに古建具があります。

新潟から移築してきた古民家の建具ももちろん生かして使いますが、足らない部分や造作にそれなりのこだわりを持って作り込みたい所には、別の古民家から出てきた古建具も使います。

あさひ古民家古材センターのストックヤード。

そんな目的で千葉の掛端明光さん（あさひ古民家古材センター代表）と、新木場の小林秀樹さん（ひでしな商店代表）を尋ねました。

お二人は古材や古建具を専門に収集し販売をしているのですが、古民家を残すＮＰＯ活動を昔から一緒にやってきた友人でもあります。

掛端さんの大きな倉庫には古材や古建具、古民具などいろいろありますが、中でもすごいのがいろんな種類の「蔵

あさひ古民家古材センター代表の掛端明光さん

欅の一枚板で作られた蔵戸

戸」が数多くあることです。

僕が知る範囲では、最も多くの蔵戸を収集しているところではないでしょうか。

一時期、新潟の古民家から出てくる蔵戸を一手に引き受けて収集していたといいます。

小林さんはもともとは木場の材木商で、今は古材と古建具の豊富なストックをお持ちです。

お二人にストックヤードをゆっくり見させていただきました。

その結果、掛端さんからは欅材で作られた見事な蔵戸2枚を、小林さんからは3枚の古建具を分けていただきました。

小林さんとともに古材や古建具を見てまわる

風情のある板戸が見つかった

蔵戸を車に運び込む

20 ……電気工事

２０１０年9月17日 晴れ

猛暑だった今年の夏。最近になって朝夕はようやく涼しくなってきました。しかし、季節の変わり目には私の大敵が出てきます。

その大敵は「腰痛」。

今朝ベッドから出ようとすると腰にピリピリっと電気が走りました。ヤバい!!

今日は現地で電気配線の重要な打ち合わせがある。ダウンしているわけにはいきません。おそるおそる起き出し、車で山梨市牧丘町の現地に向かいます。

天気は快晴。素晴らしい秋晴れです。

現地には㈲共栄電機の若き技師古屋忠さんが待っていました。早速、打ち合わせが始まります。

どこにどのような照明を付けるか、室内配線はどうするか。どのような家電製品を使う予定なのか。はたまた、１００Ｖと２００Ｖの電圧をどのように使い分け、それをどこに配線するか。

とても1回の打ち合わせだけでは全てを決定することは無理ですが、メインとなる電気配線のおおまかな方針をこの日は検討・決定していきます。

古屋さんは顔つきは少々厳つく、初対面ではちょいと取っ付きの悪そうな印象を与えますが、朴訥で仕事熱心な好青年です。プロフィールは、「山梨塩山生まれ 31歳 第2種電気工事師 キャリア8年 1種電気工事士の試験にも最近合格したとのこと 独身」

この古屋さんと大工のヤング楠こと楠齋さん、それにイギリス留学でヨーロッパのセンスを身につけて帰ってきたであろう我が息子 創の3人が、ヤングパワーで現場をぐいぐいと引っ張って行ってくれることでしょう。

現場では同時に、断熱材取り付けを終えた壁面に石膏ボード張りの作業が進んでいきます。

配線が露出しないよう工夫が

屋内の壁面造作の前に室内配線

ヤング楠さんと古屋忠さん

21

神代欅

２０１０年9月21日 曇り

蔵戸、古建具の入手に次いで、今日は玄関出入り口に使用する欅材の棟木やキッチンのアイランドテーブルに使える古材を探しに新潟上越市まで出かけます。再生中の古民家を紹介・解体していただいた上越市の市村さんから適当な材料があるからとの情報をいただいたからです。

棟梁の野沢さんにも同行していただき、4トントラックに乗りイメージに合う古材探しです。

年間約１００棟の建物を解体する市村さんは、かつて小学校の体育館だった建物を活用した倉庫をはじめ、各所に大量の古材をストックしています。その1つのストックヤードに、多くの欅材がストックされていました。その中に蔵の棟木に使われていた見事な欅の古材がありました。我々のイメージにぴったりの材です。決定です。

上越市の市村さん

この欅以外にも、柱や土間上部に設置予定の火棚作成に使う何本かの欅柱や杉の古材を、クレーンで吊り上げトラックに積みます。次に体育館倉庫に行き、キッチンのアイランドテーブルに使える古材探しです。

大きな倉庫には膨大な古材や建具、そして古民具・石像などがストックされていました。そしてそこで、幻の「神代欅」と遭遇したのです。

「神代杉」はたまに聞きますが、「神代欅」は聞いたことがありません。

市村さんに聞くと、「神代杉も大変珍しいものだけど、神代欅はさらに希少でめったに見かけない」とのこと。棟梁の野沢さんも「有るとは聞いていたが実際に見るのは初めてですよ」と感嘆しきり。

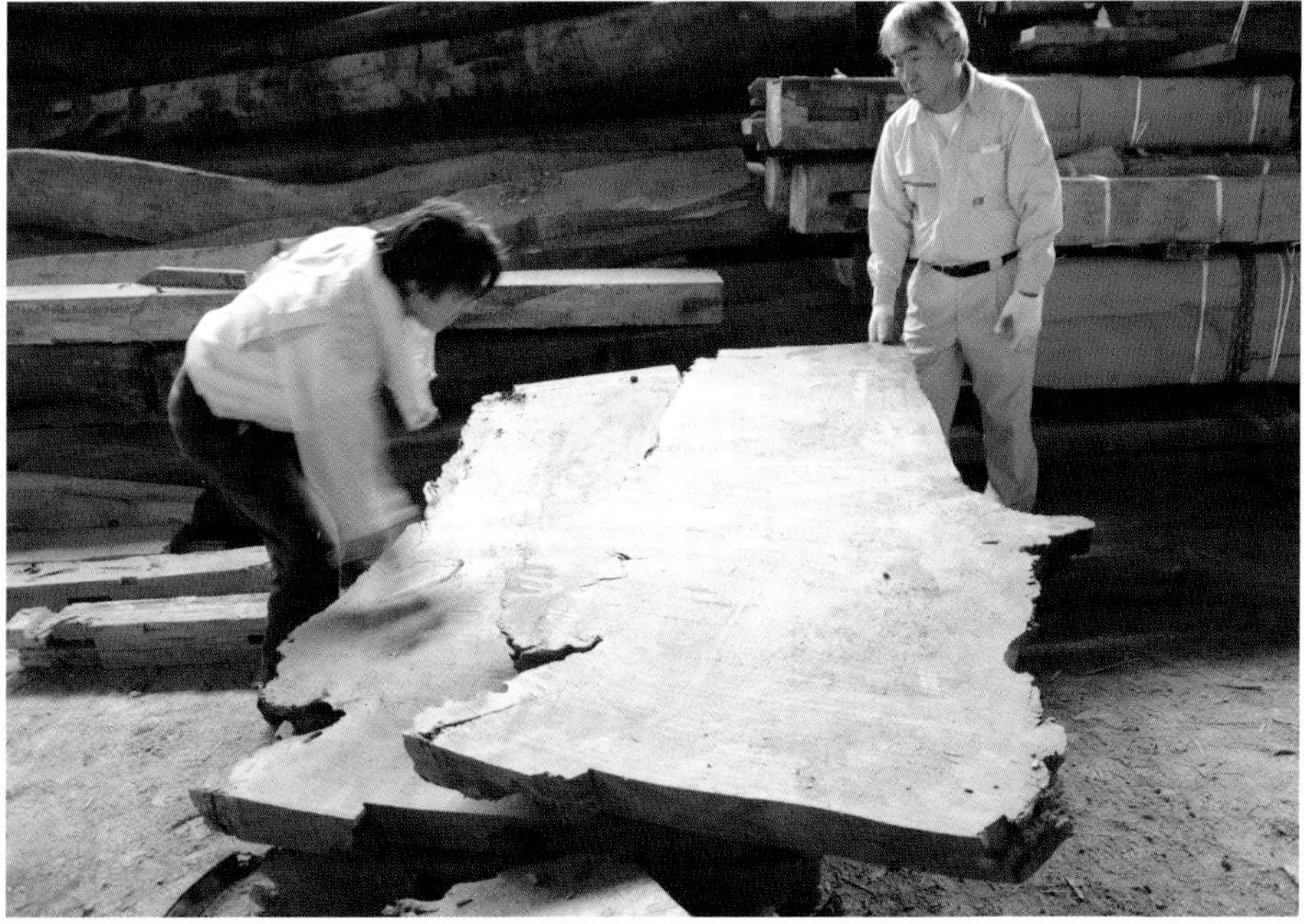

「神代杉」はたまに聞きますが「神代欅」は聞いたことがありません

この貴重な「神代欅」を、私の古民家再生の夢実現を祝って、なんと格別の条件で譲っていただけるというのです。

いや～、こんな貴重な古材を本当に譲っていただいてよいのだろうか？ ちょいと我が家には贅沢というものではないだろうか？と逡巡しました。

しかし、これも「一期一会」の縁かもしれません。お言葉に甘えて、分けていただくことにしました。

さぁ～！今日仕入れた古材が、どのように生まれ変わって我が古民家再生屋に蘇るか!! ワクワクしながら、そして多くの人たちの協力と好意に感謝しながら、一路トラックを山梨の現地に向けました。

欅の古材を積み込む

22 ……設備工事

2010年9月30日 雨

基本的な構造体が出来上がり、内部の造作と設備工事のプロセスに入ってきました。

まずは室内の梁や柱など木部の塗装と電気設備のための配線工事です。

配線の打ち合わせをする古屋忠さんと息子

作業を進める古屋さん

全体の進行の段取りがあるため配線工事は手早く実施する必要があります。

ところが配線をするためにはどこでどのような電気設備を使うのか、すなわちどのような生活パターンを想定しているのかを決めねばなりません。なんとなく大雑把なイメージは持っていたものの、どんな家電製品を使用するのか？どこにどのような照明をつけるのか？コンセントはどこに？などなど具体的に決定しなければ工事はスタートできません。

大急ぎでインターネットで器具を調べたり、家電メーカや照明器具メーカーのショールームに足を運び、製品をチェックします。

そしてその足で現場に行き打ち合わせです。

今までなんとなくのんびり工事の進捗状況を見ていれば良かったのですが、俄に慌ただしくなってきました。

電気配線工事を担当してくれるのは若き技術者古屋忠さんです。

実に熱心な好青年で、同世代の息子と共に、遅くまで現場に残って綿密な打ち合わせをし、作業を進めてくれます。こんな慌ただしくなってきた現場に、この地方の名産品「巨峰」が届けられました。作業の合間に摘んで食べては英気を養います。

巨峰の差し入れ

通常、現場作業は朝8時からスタートして夕方5時に終了します。しかし、この頃から時間を延長して工事を進めなければならない内容も出てきます。

夏は過ぎ、秋の気配が出始めた現地。陽が暮れるのもだんだん早くなってきました。

夕闇の中でまだ現場の作業は続きます。

暗くなるまで打ち合わせと作業が続く

23

伊豆石 二千万年のロマン

2010年10月12日 曇り時々晴れ

今回の古民家再生工事のコンセプトの1つに自然素材を使うことにこだわる、という方針がありました。

また、その自然素材はできる限り自分の目で見て納得できるものを選択したい、と思ってスタートしました。

そんなことで、機会があればその素材の産出現地を訪れ、直接素材に接し、説明を受け勉強できればとも考えていました。

さて、具体的には風呂をどのような素材で作るか、です。

上記の観点からユニットバスは対象外です。候補は「木」か「石」です。

いろいろと迷い悩んだのですが、最終的に石で作ること

露天掘りの光景

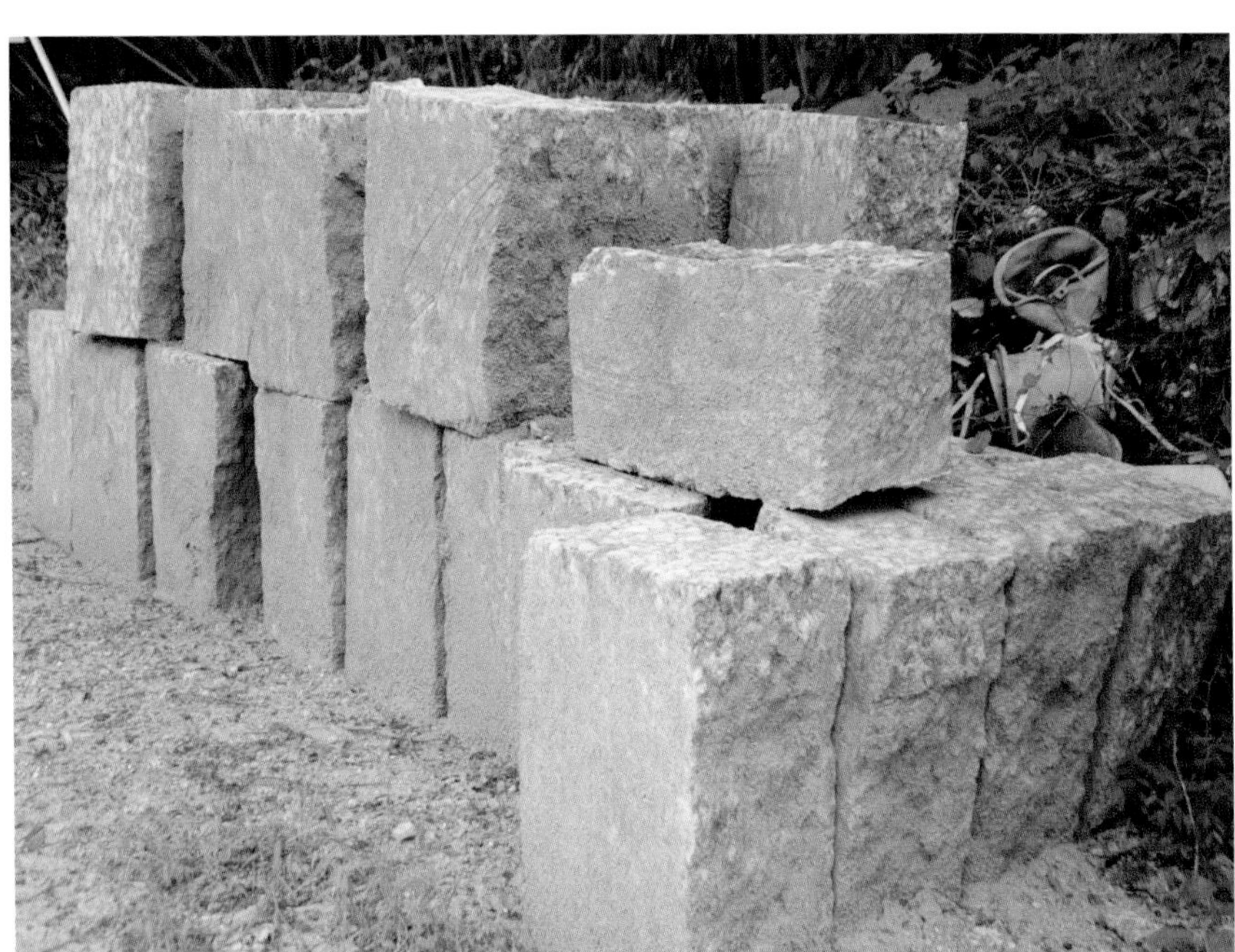

切り出された伊豆石

東海採石興業（株）社長の渡辺英彦さん

にしました。

それは「伊豆石」という風呂には最適な素晴らしい石が、伊豆地方に産することを、以前、本を読んで知っていたからです。

ところがこの伊豆石、何軒かの石屋さんに問い合わせても、取り扱っている店がなかなか見つかりません。

伊豆石は江戸時代頃から建築物の素材として広く使用され産出量も多かったようですが、最近では輸入石に押され取り扱っていないのでしょうか？石の世界でも木材と同じように、国産石は劣勢に立たされているのでしょうか？

インターネットでも探します。

ようやく1軒の採掘会社を見つけました。伊豆韮山にある東海採石興業㈱という会社です。

問い合わせたところ、採石現場を見学させていただけるとのことです。早速、現物を見るために伊豆韮山へ車を飛ばします。

現地には大きな露天掘り採石場がありました。

運よく社長の渡辺英彦さんに、採石の方法や伊豆石の特徴などについて説明を受けることができました。

まず始めに前ページのような大きさで切り出して、採石場に隣接する工場で一定の大きさ仕様にカットしていきます。

渡辺さんの説明では、「伊豆石」はおよそ二千万年前、海底火山から吹き出した溶岩と火山灰が堆積圧縮した岩が、プレート変動によって海底から隆起してきたもので、この地方の特定の場所では地表から数メートル掘ると出てくるとのことです。

江戸時代から珍重され、かつてはかなりの数の採石場で採石されていたとのことですが、現在では渡辺さんの現場1軒しかありません。

現場周辺は自然保護のために新たな採石場の開発は許可されないとのことでした。

渡辺さんの説明は続きます。

大きな電動丸鋸で希望の大きさにカットしてもらう

伊豆石の特徴は

1、水に濡れると鮮やかな「浅葱色：薄い藍色」に変化し風呂場の風情にぴったりなこと

2、石の表面に気泡の穴が空いていて濡れても滑りにくいこと

3、海水に含まれていたミネラルが溶け出し、遠赤外線の放射率が高いこと

4、柔石で加工しやすく、コンクリートとの相性もよく作業性が高いこと

5、日常の手入れが簡便なこと

思っていた以上の伊豆石の特徴、魅力です。改めて納得し、使用決定です。

その場で必要量を計算し、カットしてもらいました。

おおよそ330キロの石を丁寧に車に積み込み山梨に運びます。ずっしりとした重みで車はゆる～りと進みます。

「二千万年前か！」

「二千万年前の悠久の湯に浸かれるのか!!」

「それに浅葱色の湯、これこそロマンだなぁ!!」

こんなことを一人想いながら、まるで貴重な宝石を運ぶような気分で採石現場を後にしました。

※東海採石興業㈱は2015年頃廃業し、現在では新しい伊豆石の入手は困難です。

水に濡れた伊豆石。これが「浅葱（あさぎ）色」

乾燥した伊豆石

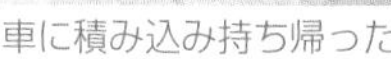

車に積み込み持ち帰った

24

合併浄化槽設置

2010年10月19日 晴れ

夏の記録的な猛暑もようやく終わり、爽やかな秋風が吹く良い季節になってきました。

現場の周辺は葡萄畑が多いのですが、所々に自家用の水田があり稲刈りが始まっています。

最近では見かけなくなってきた天日干しをしています。棚田での減農薬手作り、そして天日干し。現在では最も贅沢なお米かもしれません。さぞかし美味しいお米だろうな〜!!

市役所の下水道担当部署と合併処理浄化槽設置の打ち合わせを現地で行います。

どの位置にどの程度の大きさの浄化槽を埋め込むか、市水道課の担当の芳賀さんは実に慎重かつ丁寧に確認事項を打ち合わせていきます。

25

屋内塗装

2010年10月20日

屋内では塗装作業です。

このプロジェクトスタート時の方針の1つに「自ら再生工事作業に参加し楽しむ」ということがあったのですが、実際には、素人で不器用な僕が参加できる作業は、塗装くらいしかありません。しかも高所は危険で無理。

ともあれ、脚立に乗って届く範囲を塗ることにしました。

塗料はもちろん自然素材のものです。ベンクスさんがドイツから取り寄せた自然素材塗料です。

ヨーロッパ、中でもドイツは塗料などの建材が、人体や環境に悪い影響を与えないように厳しい基準を設けています。日本でも、最近ようやくシックハウス症候群や公害にならないような塗料が開発されつつあるようですが、実態はかなり遅れているのが実情です。

外は気持ちのよい秋日和。

昼の休憩時間。

再生現場屋内には爽やかな秋風が舞い込みます。

そんな中、大工棟梁の楠さんが昼寝中です。

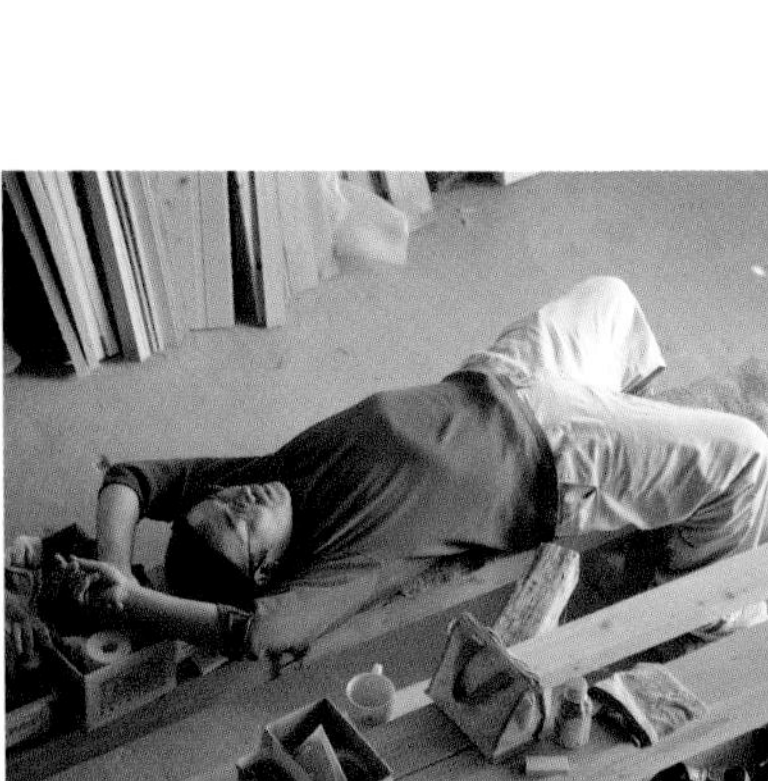

26

木製サッシ

2010年10月28日 雨

　7月末にドイツに発注した木製サッシが船便で横浜着。税関を通過し、ようやく26日に山梨の現地に到着しました。

　この木製サッシはドイツ北部ブレーメン近くにあるWinter Holzbau GmbH社で製造しているもので、ベンクスさん推奨のサッシ。

　日本では圧倒的にアルミサッシが多いのが現状ですが、せっかく、壁に断熱材を入れ、窓にペアガラスを入れても熱伝導の良すぎるアルミサッシでは断熱効果は著しく損なわれます。

　ちなみにアルミは、木の1000倍もの熱伝導率があります。ほとんど断熱効果がないと言っても過言ではありません。

　今回の再生工事では当初から壁にウールおよび古紙使用の断熱材を入れ、窓はペアガラスの木製サッシを入れる計画でスタートしました。

　日本でも新潟三条市で木製サッシを作っている組合があり、製品の情報入手をしました。しかし、僕のまわりに使用実績がなく、価格も高く採用にいたりませんでした。

　一方、ドイツの木製サッシは、ドイツ国内の厳しい基準のもとで作成されており、断熱性と機密性の両方の機能を兼ね備えています。加えて、ベンクスさんが過去十数年にわたり約40棟の使用実績を通して優れた製品であることが実証されていました。

　無論、僕自身も現物を幾度となく見ており、全面的な信頼を置き発注しました。

　ところで、窓には3つの種類あります。引き違い（左右スライド式）窓、蝶番（ちょうつがい）窓、釣り窓（上下スライド式）の3種類です。

　引き違い窓は、古来日本の家に多く使われてきており、スペースを取らないから重宝します。

　蝶番窓には、内開き式と外開きの2種類があります。内開き式は、室内側に開く窓で、スペースを取る欠点がある反面、防犯やガラスを拭く時など掃除がしやすいメリットがあります。

　また、ドレーキップ窓と呼ばれているドイツ製の蝶番窓は、複雑な構造を持ったヒンジ（ちょうつがい）により内開きと内倒しのツーウェイで窓が開閉します。内倒し状態では窓枠の上部が10度ほど内側に傾く機能があるので、防犯しつつ風通しや換気ができるという特性を持っています。

内開き状態のドレーキップ式木製サッシ窓

内倒し状態のドレーキップ式木製サッシ窓

閉まった状態のドレーキップ式木製サッシ窓

釣り窓は、電車などの窓によく見られる上下にスライドして開閉する窓です。

さて、その木製サッシが3ヶ月を要して海を渡り、ようやく納品されてきたのです。

ドイツ製木製サッシは、品質は無論のこと、色といいデザインといい、期待通りの申し分の無い物でした。

しかし、1つ大変なトラブルが発生したのです。

引き違い窓と外開き蝶番窓（両観音開き）の2種類の窓を発注したはずが、何の手違いか、全ての窓が内開き式蝶番窓（両観音開き）で納品されてきたのです。

吊り下げ障子窓(蔀:しとみ)

障子は半分に折れ、採光の調整も可能に

吊り下げ障子窓(蔀)を開いた状態

窓内側には、基本的にすべて障子をいれる計画になっています。

内開き式蝶番窓（観音開き）では、障子をはめることのできない窓がかなりの箇所で出てきてしまいます。

一大事です。

国内の製品ならすぐにでも対応できますが、遠い海外で作られて運ばれてきたサッシです。すぐにどうなるというわけにもいきません。今からドイツに再発注すれば、新しい木製サッシが納品されるまでの間、数ヶ月工事をストップしなければなりません。他の作業を先に進めるにしても、大幅に手順が狂ってきます。

ここまで、何の問題もなく順調に工事は進んできたのに……。

なんでまたこんなに大事なところで、トラブルが！……。

正直、あせりました。

即、ベンクスさんに問い合わせします。

棟梁とベンクスさんそして僕の三人が、至急集まって対策を協議します。

何か良い打開策はないか、アレコレ知恵を絞ります。

その結果、野沢棟梁から予期せぬアイデアが飛び出しました。

いわゆる神殿造り風の吊り下げ窓（蔀）とキャスターで動く窓で、障子を作ってみたらどうかというのです。

なるほど、これはＧｏｏｄ Ｉｄｅａ！素晴らしい！

三人寄れば文殊の知恵？災い転じて福となす、です。

問題解決です。

ベンクスさんも胸を撫で下ろしたようです。

造形的にも面白い窓ができました。

ただ、神殿造り風の吊り下げ窓では、あわて者の僕は、今でも時々頭をぶつけるという痛い目に遭っていますが……(苦笑)。

月見台への出入り口に使用したドレーキップ式大型引き戸木製サッシ

27 ……網戸

再生古民家では、夏はエアコンを使わず外気の換気だけで生活することを想定していました。

ただその際の心配事は、蚊などの虫の侵入です。

一年中、囲炉裏で薪を焚いて過ごした昔の古民家では、そこから燻されて出る煙が、虫除けの効果を発揮していたのですが、現在ではそうもいきません。

余談ながら、この煙は茅葺の屋根を乾燥させかつ害虫から守ることによって、屋根を良い状態に維持するという役割も持っていました。昔の生活は、無駄というものが無いので、本当に感心します。

虫除けのために全ての戸と窓に網戸を付けることにしたのですが、この網戸もベンクスさん推薦のドイツ製の網戸を採用しました。

この網戸は巻き込み式で使い勝手がよく、寸法も自由に制作できる優れものです。日本製網戸より割高ですが、僕が調べた限り類似品は国産品ではありません。内開き木製サッシとの施工上の相性もよく、結果オーライでした。

ところで、心配した蚊ですが、隠れ屋の位置する標高が高い（680メートル）ためか、その後の生活で

網戸は真ん中から両側に巻き取られ開閉する

はあまり悩まされることはありませんでした。

その代わりにと言っては何ですが、予期せぬモノが侵入してきました。

コウモリです。

網戸を開けていると知らぬ間に入っていて、夜、家の中をヒラヒラと浮遊するのです。

このコウモリを捕捉するのが思いの外大変で、一匹のコウモリを捕まえるのに一週間かかったことがあります。そんなこともあり、我が家では網戸の開閉にまめに気を配っています。

やはり網戸は必需品です。

右一番手前が網戸、中間が木製サッシ、左内側が障子の３層構造

侵入したコウモリを虫取り網でようやく捕獲

網戸を引き出す

28 ……井戸

現地では約200メートル離れた所まで水道管が来ています。そこから自費で水道管を引き利用するか、今1つの選択は井戸を掘り、水を確保するか、です。

いろいろ情報を集め、近所に住む野沢棟梁（井戸を使用）の意見も聞き、検討しました。

結論は、井戸を掘り水を確保することにしました。

理由は

1、後背地に山があり豊かな地下水脈がありそうなこと

2、夏冷たく冬暖かい井戸水の魅力

3、コスト

の3つです。

葡萄畑に蒔かれている残留農薬がちょっと心配ではあったのですが、粘土層が厚いから大丈夫だろうとのこと。いずれにしてもこれは厳密な水質検査をして確認することが必要です。

井戸掘り用櫓が設置された

採掘場所は建物の北西側。工事は11月1日にスタートしました。

掘る深さは50メートルから60メートル、1週間から10日くらいで水は出てくるだろうとの計画です。しかし、これで出てこなければ100メートルになるか、200メートルになるか⁉ まぁ、一種の博打ですね、これは……。もっともそんなに掘ったら完全に予算オーバーですが‼。

採掘をしてもらうのは、地元山梨市の山口ボーリング。作業をするのは広瀬泰男さん、塩山出身64歳。この道35年の大ベテラン。

なんと今までに掘った井戸は2000本‼ 深さ1500メー

採掘管とドリルビット

トルもある温泉なども掘った経験があるとのこと。凄いなぁ〜。

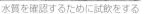

さて、肝心の井戸水ですが、20〜30メートルはまったく水無し。粘土層が47メートルまで続き、50メートルでようやく水が出始める。その辺りから砂礫混じりの柔らかい花崗岩になってきたとのことです。さらに掘り進めるとちょうど62メートル50センチの深さで、豊富な地下水が湧き出始めました。噴出量は1分間当たり60リットル。十分な量とのことです。

さすが、プロ。ほぼ当初の見通しどおりでした。

この道35年の大ベテラン広瀬泰男さん

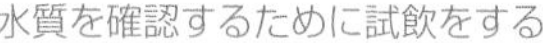

水質を確認するために試飲をする

62m50㎝の深さから豊富な水が噴出した

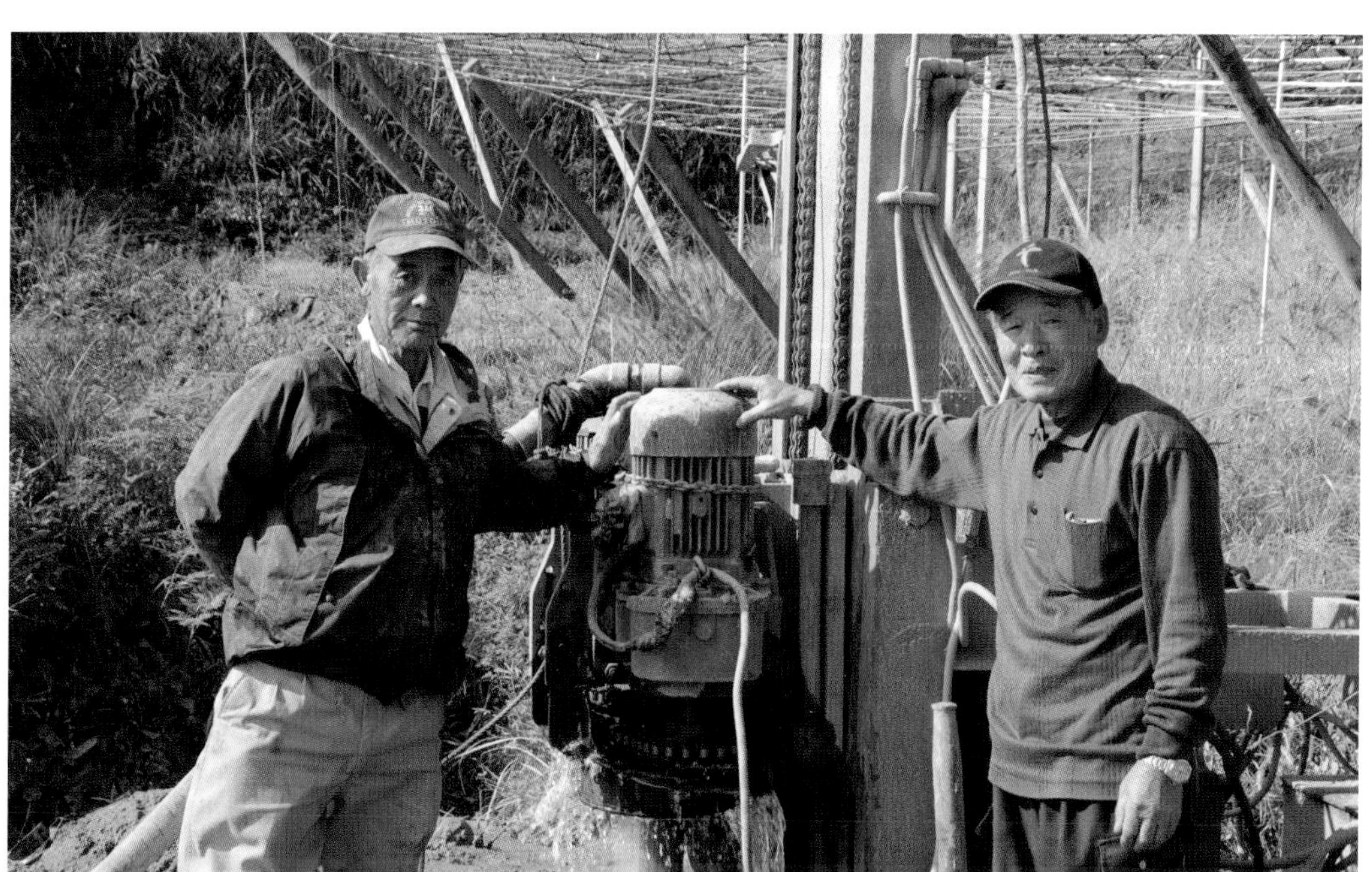

左から広瀬泰男さん、山口ボーリング代表の山口さん

29

創造的空間造り

2010年11月8日 晴れ

上越の市村さんから譲っていただいた蔵の棟木をリビング入口上部に設置する工事が始まりました。

この部分は、元の古民家では書院造りの造作だったのですが、再生工事では全体のコンセプトに合わせてイメージを一新することにしました。

さて、この機会に古民家再生のやり方、考え方について少し持論を記しておきたいと思います。

まず「再生」に似た言葉に「復元」という言葉があります。

元の古民家の畳の部屋

再生後の古民家。このように空間は生まれ変わった

僕が考えるに、建築における再生と復元は全く別物です。

復元は、博物館や民家園にある展示建造物のように、過去に存在した建物に新しいものを付加することなく、元のあったがままに忠実に造作することを意味します。

ですから、例えば古民家でいえば水道や電気がなく隙間風が入り込むといった建物になるので、復元した民家に現代人が住むのは何かと不便で、なかなか難しい。

一方、古民家再生は、現代人が快適に住めるように手直しをして造作します。

その再生には大きく分けて3つのパターンというか、やり方があると僕は思っています。

その1つは、復元に近い考え方で、水廻りやトイレなどの設備は近代的に手直しして住みやすくするものの、建物の構造などは一切変更することなく、家の形や間取りなど元の民家を忠実に再生するやり方です。

2つ目は、古民家全体を再生するのではなく、古民家の一部の古材（たとえば大黒柱や梁）や古建具だけを活用して、部屋や店舗内部を古民家風に改装するやり方です。

これは古材を有効活用するという点では意味がありますが、店舗などでブームに乗って古民家風に改造したものの、ブームが去ると古材などは棄捨してまた別のスタイルに改装するといった使い方になってしまうのは考えものです。

3つ目は、元の建物の基本的な構造や良さを生かしつつ、明確なコンセプトのもとに新たな視点での空間造作を試みるやり方です。

民家再生工事では、元の造作を安易に変更することはあまりすべきではありませんが、確かなコンセプトと技術のもとに、自分のライフスタイルや趣向に合った大胆な空間造作を試みることは古民家再生の醍醐味であるといえます。

そういう意味で僕は「古民家再生は創造的空間造り」だと思っています。

今回の我が古民家再生では、基本的な構造体は維持しつつ、玄関の位置を変え、土間を大きくしたり、梁の位置と天井を高くし広い空間を確保する。封建時代の武家住宅の名残ともいえる式台を取り除いたり、屋根の型を切妻造から入母屋造に変更しロフトを設置する等、幾つかの部分でこうした大胆な造作の試みをしています。

ところで、現場周辺はすっかり秋模様です。

隣地の棚田では稲刈りも終わり、天日干しした稲の脱穀作業をしています。

いい風景です。

この地方の名産コロ柿もたわわに実り、これから干し柿作りが始まります。

30

屋内造作の遊び心

何度か書いていますように、古民家再生での施工は、図面通り忠実に施工していくわけではありません。今風の家造りでは、設計図どおり材料を工場でプレカットして、現場では組立てるだけという工法がもっぱらです。この工法は、工期が短くなりひいてはコストダウンにつながり、それはそれで合理的なのですが、古民家再生はそうはいきません。

古民家再生では当初の計画を変更したり、計画していなかった造作を新たに取り込んだりすることが珍しくありません。いわば出たとこ勝負で、思いついたアイデアを施工していくのです。そうした遊び心を形にすることが古民家再生の醍醐味であり楽しくもあるのです。

例えば、階段奥の小さな空間ですが、普通の新築工事なら壁を張ってしまうところですが、工事途中にこの空間を面白く使えないかと棟梁と相談をし、飾り棚にしてもらいました。また2階の部屋の壁面の小さい屋根裏下の空間ですが、ここも普通の施工なら単純に壁を張って消えてしまう空間ですが、あえて残してもらい、その後、本棚やベッド脇の台として活用することにしました。

さらに、手元にあった古い欄間を部屋の下部にはめ込み、部屋のインテリアデザインとして楽しむと同時に、足元照明としての役割を持たせました。

階段下のスペースを飾り棚に活用する

これらの出たとこ勝負の施工も、施工に取り掛かる前の段階なら大きな問題はないのですが、かなりの部分まで作り込んだ姿を見て、イメージと合わず収まりが悪かったり、あるいは新しい造作を思いついたりして工事を中断、作り直すということもありました。普通このようなことは大工さんからは嫌がられます。しかし、本当に良いものを作ろうと思えば、時と場合によっては妥協せず、少々の軋轢は覚悟の上で変更することも必要になります。あまりに頻繁だと迷惑でしょうが……。

こうした変更は、施主である僕からの要望のこともありますが、棟梁や大工さんの方からの提案もありました。再生工事を通して再確認したことですが、古民家再生には、こうした施工を面倒がらず、一緒に考え楽しんで取り組んでもらえる棟梁や大工さんが不可欠だということです。僕は恵まれました。

ただ、変更や新しい注文をしたため、工期が当初は10ヶ月での完成予定だったのが、1年4ヶ月かかりました。またコストアップの要因にもなりました。

が、ノープロブレム！です。創造的で面白い仕事を一緒にでき、結果的には納得できる家が完成したのですから。

欄間を組み込み、デザインのアクセントにする
同時に足元の明かり採りの役割も

屋根裏下スペースを飾り台や本棚として有効活用する

31

自然素材を探す

2010年11月19日 晴れ

今日は、台所、トイレ、風呂など内部造作の打ち合わせです。

どのメーカーの製品を使うのか、材料はどのようなものを使用するのか、これらは施主が決めねばなりません。ところがこれを決めるのがなかなかに大変なのです。既成のものを使えば事は簡単と当初考えていたのですが、どっこい、そうはいきません。

さまざまなタイルや石を取り寄せ、イメージに合うものを探す

前にも記したように、自然素材を使いたいということで、さんざん悩んだ結果、風呂は自然石の「伊豆石」を使用し、オリジナルな風呂桶にすることにしました。

また土間やトイレ・風呂場に敷く石も、僕や息子が希望するイメージに近い石を探すのは、簡単ではありませんでした。カタログの写真では質感がわからず、石を取り扱ういくつもの店のショールームに見にいき検討しました。

台所も当初、大手キッチンメーカーのショールームを見て回り探したのですが、古民家のイメージに合うものが見つかりません。それに何よりもシステムキッチンは高額で手が出ません。

トイレも便器等はメーカー品を使うしかないのですが、手洗いの器等はメーカー品にはイメージに合う物がなかなか見つかりません。

内部の大工仕事はどんどん進んでいくのですが、これら器具類の選択が遅れに遅れ、現場の皆さんに迷惑をかけてしまうことになりました。

その内部大工工事ですが、階段の設置や木製サッシ取り付けが終了しました。その他の造作も着々と進んでいきます。

これらの作業を見ているのは実に楽しいものです。外では浄化合併槽の工事が佳境です。

32

コロ柿

2010年11月19日 晴れ

山梨塩山の名物、コロ柿の天日干しの季節がやってきました。

この柿は名前の通りころころした見事な大きな柿です。しかし、渋柿なのです。

皮を剥いて3～4週間干すと、これが芳醇な甘さを持った干し柿に変身します。

武田信玄の菩提寺・恵林寺の周辺の農家ではこの季節になると大量のコロ柿干しが始まり、この地区の風物詩になります。

さて、再生現場では我々親子の塗装作業の追い込みです。

高所はプロにやってもらうことにして、脚立に乗って手の届く範囲は我々が塗ります。これは少しでも自分たちの

岩波農園のコロ柿作り

手でも工事をやりたいという意思の表れですが、一方で塗り方によって木肌色がどのように変化するかを見極める目的もあります。

ところが塗装中、僕は、2メートルほどの脚立上で方向転換をしようとして、脚立ごと転倒してしまいました。幸い怪我はなかったのですが、手に持ったバケツの塗料を、床に撒き散らしてしまいました。

整理整頓していつもきれいに維持されている現場を汚してしまい、恐縮至極!!

慣れないことは、あまりやるべきではありません(苦笑)。

塩山駅北口駅前にある甘草屋敷での干し柿作りの様子

33

……外壁漆喰塗り

２０１０年11月25日 晴れ

外壁の漆喰塗りの工程が始まりました。

漆喰とは、消石灰を主原料とし、糊（海草糊など）、スサ（漆喰のひび割れ防止のために入れる麻などの繊維質の材料）を加えて、水で練り上げた塗り壁の材料です。防火性が高いのが特徴で、古くから財産を守るため土蔵などに使われてきました。

また、調湿機能にもすぐれた自然素材で、気候が季節ごとに変化する日本に合った建材です。

季節は晩秋。冬がすぐそこまで来ています。

漆喰塗りは一般的に冬は避けたほうが良いといいます。乾燥する工程で寒さが厳しいとひび割れするからです。

最近の材料はいろいろと工夫されあまりひび割れしないようになっているとのことですが、それでも本格的な冬到来の前に終了しておくにこしたことはありません。

まずモルタルを塗ります。

壁面が広いので作業も大変です。

漆喰を塗るのは左官道50年の伊藤忍さん（伊藤左官工業代表）、67歳。

合併浄化槽の工事もほぼ完成しました。

左官道50年の伊藤忍さん

合併浄化槽の工事もほぼ完成

34 …… 屋内工事も大詰め

2010年12月6日 快晴

外壁工事が急ピッチで進む中、屋内工事も着実に進んでいきます。

大工方は楠ペアに加えて応援に新しい職人さんが加わりました。早川竹十三さんです。

カメラを向けると緊張して仕事にならないとのことで、手早くシャッターを押します。

風呂場の造作も始まりました。

外壁の付け柱工事も終了し、モルタル塗りや漆喰塗装も最終段階。

建物外部を覆っていた足場やビニールの覆いを取り除く日も間近です。

応援に入ってくれた大工の早川竹十三さん

35

足場取り外し

2010年12月17日 晴れ

師走に入り、年の瀬の気ぜわしい時期になってきました。しかし、ここ再生現場には、いつものようにユッタリとした時間が、流れているような気がします。

外はかなり寒さが厳しくなってきましたが、快晴です。肌にピシッ!とした冷気を感じますが、太陽の暖かい陽射しが有難い一日でした。

ところで、今日は外壁漆喰塗りが終了し、いよいよ足場を取り外す日です。そして、取り外した足場は、今度は屋内で組み立て、高所の塗装や漆喰塗りの作業に使われます。

足場を取り外した外観が現れました。まだ腰板が付いていませんが、すっきりした外観になりました。

当日は、隣の葡萄畑で駒井さん夫妻が剪定の作業中でした。翌年の豊かな実りのための準備ですが、お聞きすると、雪が降る前に剪定し枝が折れるトラブル回避の意味もあるとのことでした

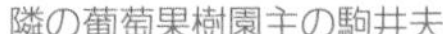

隣の葡萄果樹園主の駒井夫妻

36

神代欅製材

２０１０年12月23日 快晴

今日は、今回の古民家再生工事のエポック的な一日になるかもしれない日です。

というのは、9月下旬、上越の市村さんから譲っていただいた「神代欅」を、いよいよ製材する日を迎えたのです。製材していただくのは勝沼にある塩野木材㈱の塩野正実さんです。

塩野木材はもともと林業を営んでいたそうですが、戦後先代が製材所を始め、塩野さんは2代目です。

この日も清々しい快晴。

横浜から山梨に向かう途中の初狩パーキングで素晴らしい雪景色の富士山が見えました。貴重な木を製材するには、まことにもってふさわしい天気です。

余談ですが、僕が古民家再生の用事で山梨を訪れるのは、今年は今日で35回目になります。思い返すと、なぜだか何時も晴天に恵まれています。

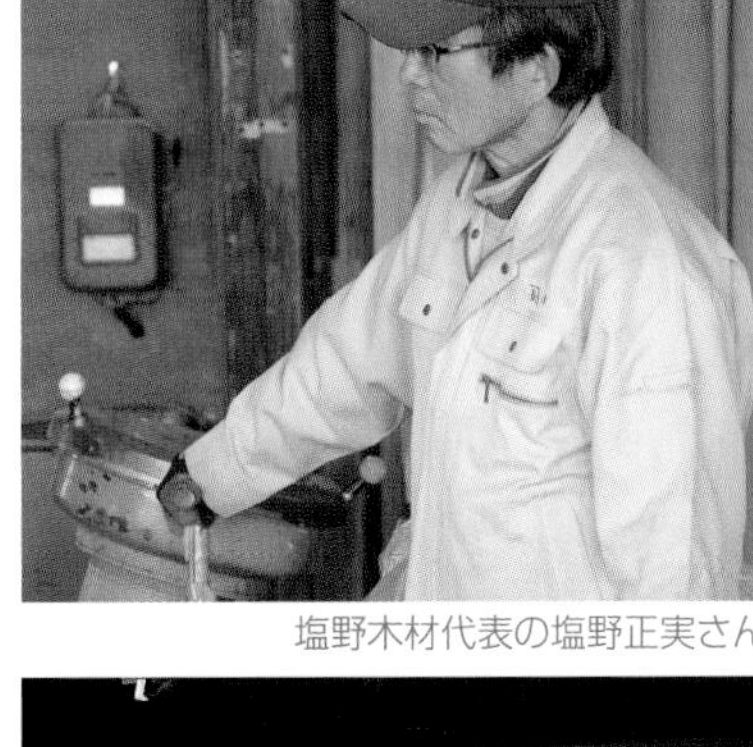

塩野木材代表の塩野正実さん

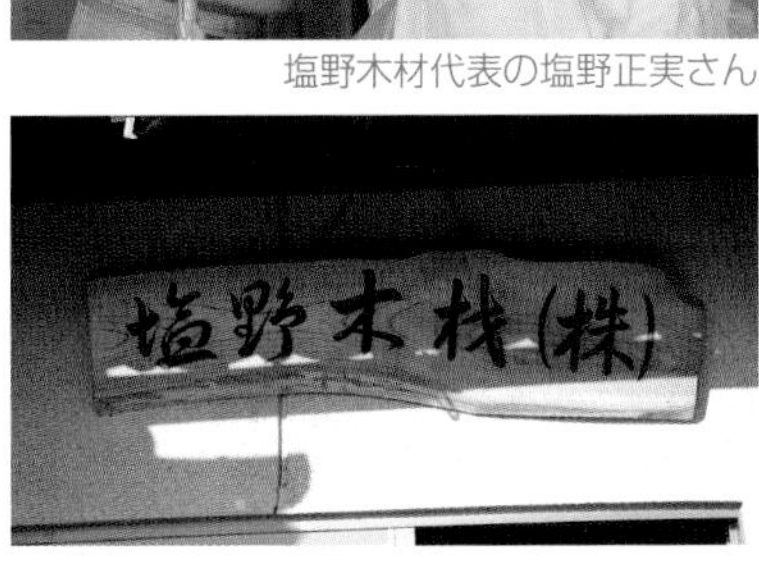

ちなみに、僕は天気予報に合わせて来ているわけではありません。打ち合わせや撮影のために、あらかじめ立てたスケジュールや工事日程に合わせて訪れているのです。ですから、おおむね天気が良かったのは偶然の巡り合わせです。

「俺はやっぱり晴れ男なんだなぁ～」「天も古民家再生工事を祝福してくれているんだ」と、いつも勝手に独り合点して喜んでいます。

横道から本題に戻します。

神代欅の製材です。

製材機には長さ7～8メートルもある帯状のノコギリがセットされます。

まず、土間上部の火棚を作る材料を取るために、柱に使われていた欅の古材から製材します。

どのように面取りをするか慎重に打ち合わせをします。

製材にとりかかります。

次に梁に使用されていた欅の古材を製材します。

この古材は玄関の板戸作成に使用する予定です。

何本かの柱材や梁を製材した後、いよいよ神代欅の出番です。

前にも記したように、「神代杉」はまま市場に出てくるら

しいのですが、「神代欅」というのはまずもって出てくることは無く、極めて珍しいものらしいのです。

今回作業をしてもらっているこの道何十年のプロの面々も、今まで話には聞いていたが「神代欅」を見るのは初めてといいます。

無論、それを製材することも……!!

はたしてどんな木肌が出現するのか⁉

期待通りの木肌が出現するのか??

一方で、切ってみたら風化したボロボロの材でしかなかった、ということもあり得ます。

事前打ち合わせには野沢棟梁も加わります。

作業場に緊張感が漂います。

何万年か何千年間、地中に埋もれていた神代欅にノコギリの刃が入ります。

緊張の一瞬です。

①まずは面取りの打ち合わせ

②製材にとりかかる

③梁に使用されていた欅の古材を製材

④いよいよ神代欅の出番、事前打ち合わせには野沢棟梁も加わる

⑤何万年か何千年間、地中に埋もれていた神代欅にノコギリの刃が入る

⑥この古材は板戸作成に使用する予定

見事ないぶし銀のような木肌が現れました。

ちょっと凄みを感じさせる実に渋い色です。

3人のプロはジッと木肌を見つめ「ムー」と唸るばかりでしばらく言葉がありません。

何回かに分けて慎重に表面を薄く製材していく

そして塩野さんがぽつりと
「凄い！　こんな欅を製材出来るのはもう二度と無いだろうな!!」

そして
「古民家再生にはもったいない。お茶室か高級家具の材料に使いたい欅だ」

と……。

僕はといえば、「いや、古民家再生にこそふさわしい！」と、内心思ったのですが、あえて口にはしません。

ともあれ、本当に良い仕事を見せていただきました。

僕は製材を間近で見たのは初めてだったので、余計に感動しました。

感銘しました。

仕事をやり終えて神代欅を挟んでの記念撮影です。

皆さん神代欅に負けぬ実に良い表情です。

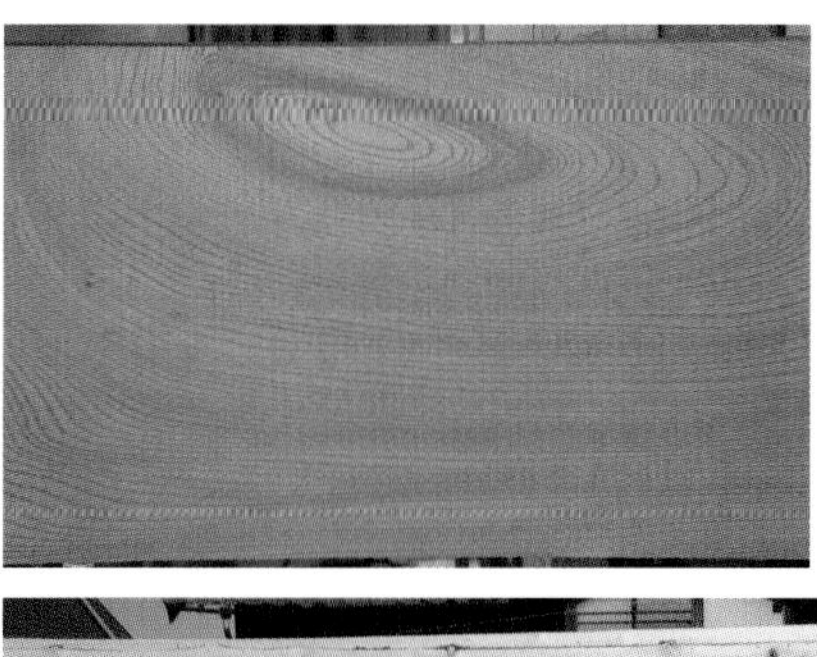
凄みを感じさせる、いぶし銀のような木肌が現れた

仕事をやり終えて神代欅を挟んでの記念撮影

37

仕事納め

2010年12月28日 晴れ

古民家再生に終始した2010年も、残り少なくなってきました。

今日は仕事納めの日です。本日も快晴冬日。

あの猛暑の夏を少し回してほしいと思わず言いたくなるような今朝の寒さですが、キリッと気持ちが引き締まる天候でもあります。

ところで、今回の再生工事の当初計画では、10月末に完成の予定でしたが、「急ぎ働きはしない」をモットーにしてきたためか、工期は大幅に遅れてしまい、いまだ未完成。このペースだと取りあえず住めるようになるのは来年の春頃になりそうです。

しかし、今造作中の古民家再生家屋は「少なくとも100年から200年は住める家であってほしい」と思いスタートしました。ですから、造る方も焦らずユッタリと楽しみながらやっていこうと思います。

ともあれこの1年、現場では野沢棟梁以下皆さんには実に「良い仕事」をしてきていただきました。アノ骨董鑑定士中島さんからも「いい〜仕事していますね〜！」と声がかかるのではないでしょうか！

感謝！感謝！感謝！のひと言、いや三言です（笑）。

行き違いによる若干のトラブルは発生しましたが、無事故で仕事納めを迎えられたことは何よりのことです。来年も引き続き、このペースで進めていき完成できればと思います。

さて現場では、仕事納めとはいえ皆さんの仕事ぶりはいつもと変わりなく着実に続いています。

第3章

工事いよいよ佳境に

1

新年仕事始め

2011年（平成23年）1月6日 快晴

新年を迎え、今日は仕事始めの日です。今日も現場は快晴。富士山の姿が美しく見えます。

玄関に気持ちばかりの正月飾りをし、無事の竣工を祈ります。

現場玄関に正月飾り

ご来光があたる富士の峰

玄関で新年の記念撮影です。

普通の会社や役所の仕事始めは、挨拶だけで午前中でおしまいというケースが多いようですが、ここ現場では初日からフル活動。室内に組まれた足場での高所の塗装や、居室の塗装が今日のメイン作業です。

室内塗装に入っている職人さんは、昼食後車内で仕事疲れを癒すため爆睡中。いや、仕事疲れというより正月のお神酒の呑み疲れかな？

ともあれ、今年も無事故で工事が進み、無事完成しますように。

玄関で新年の記念撮影

仕事疲れというより正月のお神酒の呑み疲れ？

2

黒漆喰塗り

2011年1月17日

正月仕事始めに始まった建物内部の木部塗装が終わると同時に、建物内部壁面の漆喰塗りが始まりました。

左官はこの道50年の伊藤忍さん。

丹念にユッタリと、しかし着実なペースで塗っていきます。壁面スペースがかなりあるので、全てを塗り終えるには2週間くらいはかかりそうです。

さて、壁面はおおむね白漆喰ですが、1階の床の間と一部の壁面は黒漆喰にします。

黒漆喰は通常、漆喰に松煙か墨等を混ぜて造作することが多いようですが、今回の古民家再生では特殊な手法を使います。

黒漆喰の下塗り

野沢棟梁が考案した「砂鉄」を混入する手法です。

この黒漆喰は、砂鉄の変化とともに、年月が経るほど味わいが増すことでしょう。

どのような味わいに変化していくか、楽しみです。

下塗りが乾いたら黒漆喰を本塗りし、重厚でシックな出来上がりに

3

土間

2011年1月9日

今回の再生では、元の古民家に一部変更を加えています。その1つが土間の拡大です。

この土間は、当面は玄関入口のスペースとしての用途ですが、将来的にはギャラリーやイベントスペースとしても使用したいと考えています。

そんなことで、スペースの拡大とともに、目的に適うような素材選びや空間デザイン、照明などに工夫しました。

土間の素材は当初から石を使う予定でいましたが、なかなかイメージ合う石が見つからず苦労しました。いろんな石を探し、実物を視察しようやく南米産の「クオーツブラック」という石にたどりつきました。写真では一見玄晶石に似ていますが、玄晶石より色は黒く硬質で荒削りです。

この石を貼っていただいたのは、渡辺充さん（渡辺タイル工業代表）です。ちょっと扱いにくい石だったようですが、見事に施工していただきました。

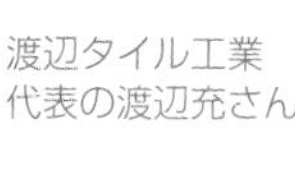

渡辺タイル工業
代表の渡辺充さん

火棚が設置された土間

南米産のクオーツブラック

外観造作

2011年1月19～21日　晴れ

外壁周辺を取り囲む石の搬入が始まりました。
現地から掘り出された石も、使えるものは有効活用します。
同時に腰板の造作も始まります。
腐食防止の外壁塗装も同時に進みます。

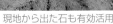

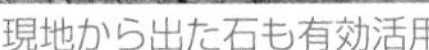
現地から出た石も有効活用

外部塗装

腰板張り

5 配管工事

２０１１年1月27日　快晴

配管工事開始。

屋内の配管作業も同時に施工されていきます。

配管をはじめとしたキッチン、トイレなどの水廻りの施工は橘田和俊さん（橘田総合サービス代表）にお願いしました。

配管工事スタート

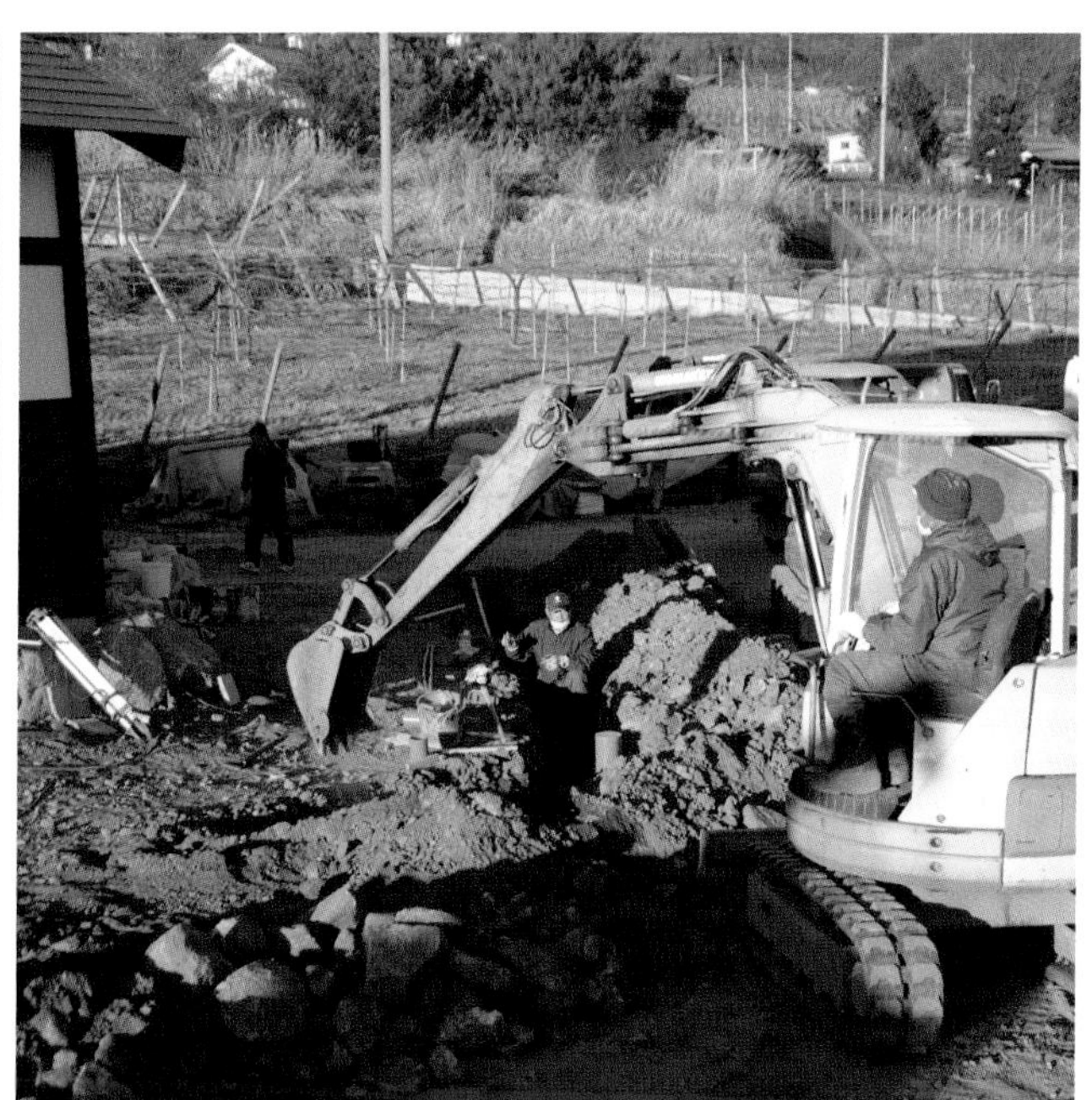

6 ……ユニークな床の間

２０１１年1月27日

古民家再生の建築デザインに加わっている息子・創は、金属を素材に作品を作る鍛金作家です。

今回の古民家再生のユニークな試みの一つは、彼の創る作品を家の各所に取り入れる計画です。

まず、欅の間の床の間にチャレンジしてくれました。

友人の工房で制作が始まっています。さてさて、どのような作品が創り出されてくるか？楽しみです!!

試作品が出来上がってきました。

鉄に濃褐色の特殊な腐食色つけがされ、照明が内蔵された鉄製の床柱が出来上がってきました。

また、背後の階段下の空間を、R型に曲げられた黄金色のアルミ合金で、大胆に切り取るデザインです。

面白い作品です。

友人の工房で作品作りが始まった

工程上での時間的余裕が無く、夜間に現地での取り付け作業です。

取り付けが完成し、待機していた左官伊藤忍さんが砂鉄を混ぜた黒漆喰を塗り込んでいきます。

大工＆左官＆鍛金作家三者のコラボレーション作品、完成間近です。

照明が内蔵された鉄製の床柱を取り付ける

完成です

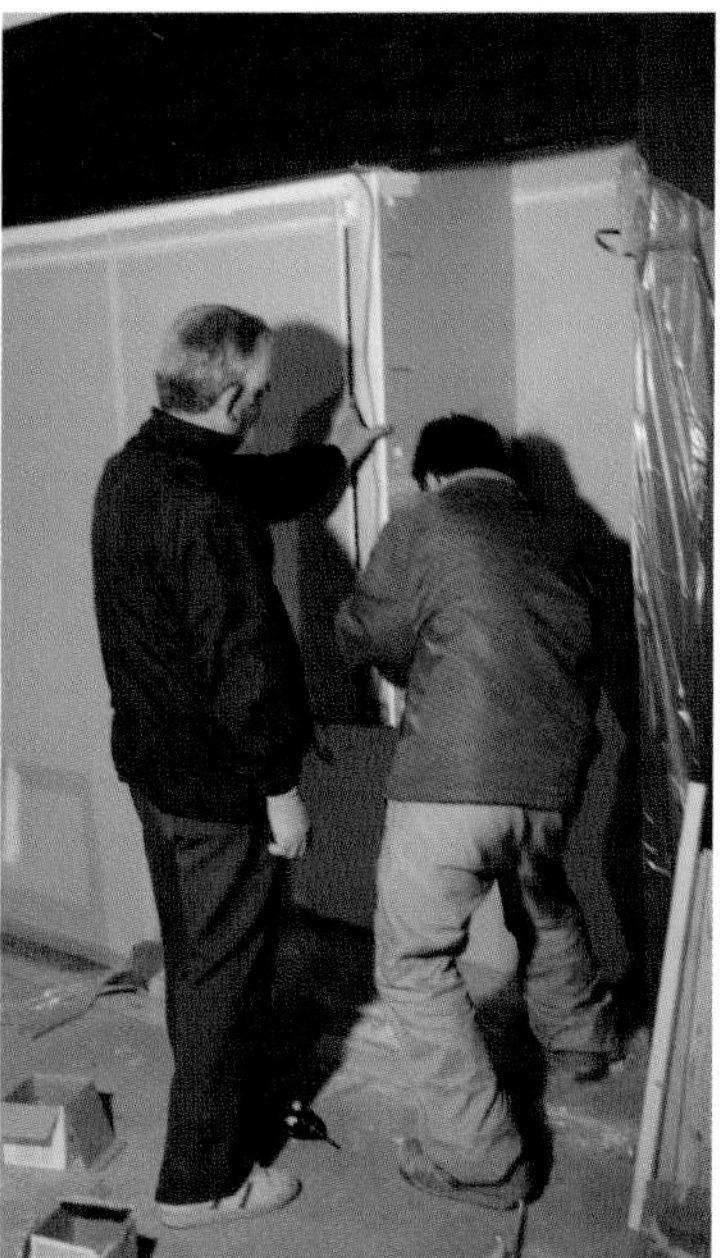

黒漆喰を塗り込んでいく

大工＆左官＆鍛金作家三者のコラボレーション

7

陰影礼賛

古民家の和の風情を出すと同時に機能的な意味合いから、原則として全ての窓に障子を設置する設計にしました。

和の風情でいえば、僕は谷崎潤一郎の名著『陰影礼賛』に深く共感します。

和紙を経て拡散して入ってくる光の陰影、和み、柔らかさ。目に優しいと同時に心を平穏にしてくれます。

機能的には、和紙で作った障子はペアガラスサッシと併用することで、驚くほどの断熱効果を発揮します。

これは僕自身、今までいろんな形態の住居で暮らしてくる中で、カーテン、アルミサッシ、ペアガラスサッシ、障

雪見·月見障子

子、紫外線防止シートなど試行錯誤をしながら使ってきた体験的結論です。

現在の日本で多く使用されているアルミサッシは、実は熱伝導率が極めて高く（木の約１０００倍）断熱効果はほとんどありません。

また、カーテンは空気の循環を促進し、かえって断熱性を低減します。

今回の再生では断熱性の高いペアガラス木製サッシ（ドイツ製）を使用しています。断熱的には、ある意味これで十分かもしれません。

しかし、前述したようにここに和紙障子を併用することで空気層がさらに加わり、格段に断熱性が高まります。

そして「美」的にもなるのです。

さてさて、前置きが長くなりましたが本題の障子の制作です。

今回の古民家再生では窓の数が多いことに加え、大型のドアなどもあり、さらにはドイツ製のペアガラスの思いもかけないトラブルというか、制約があり四苦八苦しました。

まず発生した問題は、大型ドアに設置する障子を作るにあたって、建具屋さんが、今まで作ったことがないからできないと断ってきたことでした。

8

障子

2011年1月27日　晴れ

今回の古民家再生では、南側の居間からの眺望を最大限生かすために、一間幅のガラス戸を4枚入れています。

そしてその前面にはめる障子も、その大きなガラスと同じサイズで、かつ雪見&月見障子にすることにし、僕自身がデザインしました。

普通の建具や障子は、幅半間です。ここまで大きな障子は、あまり見かけることはありません。

今回障子製作をお願いしているところは、野沢棟梁紹介の宮崎木工所という店です。

昨年末の野沢棟梁を交えた打ち合わせの時から、実は宮崎範夫さん（宮崎木工所代表）は首を傾げて「こんな大きな障子は作ったことがない。殊に雪見などにするんだったら必ず変形するから止めた方がいい」と言うのです。

しかし、ここの障子デザインは、この古民家再生の中では、重要なデザインポイントの一つです。簡単に妥協するわけにはいきません。

「少々無理でも、ともかくチャレンジしてください」とその場では押し切りました。

ところが、正月早々、宮崎さんから僕に直接電話があり「やはりあの大型の障子は作れない。この仕事から降りたい」と言ってきたのです。では止む終えない、僕の知り合いの建具屋さんに依頼するから、と電話を切りました。そして、野沢棟梁にもその旨連絡をしました。

その後2、3日して野沢棟梁から連絡があり「もう一度宮崎木工所にチャンスをもらえませんか？　彼は腕は確かなのです。ただ慎重なタイプなんですよ」

そして

「あの後すぐに宮崎に連絡をとって話をしました。せっかく、施主から新しいことにチャレンジする機会を与えてもらっているのに、断るとはどうゆうことか！それでも職人か!!」と久しぶりに雷を落としたというのです。

思うに、宮崎さんは、自信をもってやれない仕事は、結果的に施主に迷惑をかけるかもしれないと、これまた職人気質ともいえる良心的な価値観から断ってきたのでしょう。

こんな経緯を経て、当初の予定通り宮崎さんに製作してもらうことになりました。

また、大きな障子を作ることを強く主張した僕は、その責任上、曲がりが少なくなるようなデザインを考え、和紙の張り方の工夫をするなどし、この課題を解決しました。

結果的にこの大障子は大成功です。

ちなみに、施工から10年経った現在も、ノープロブレムです。

宮崎木工所の作業場

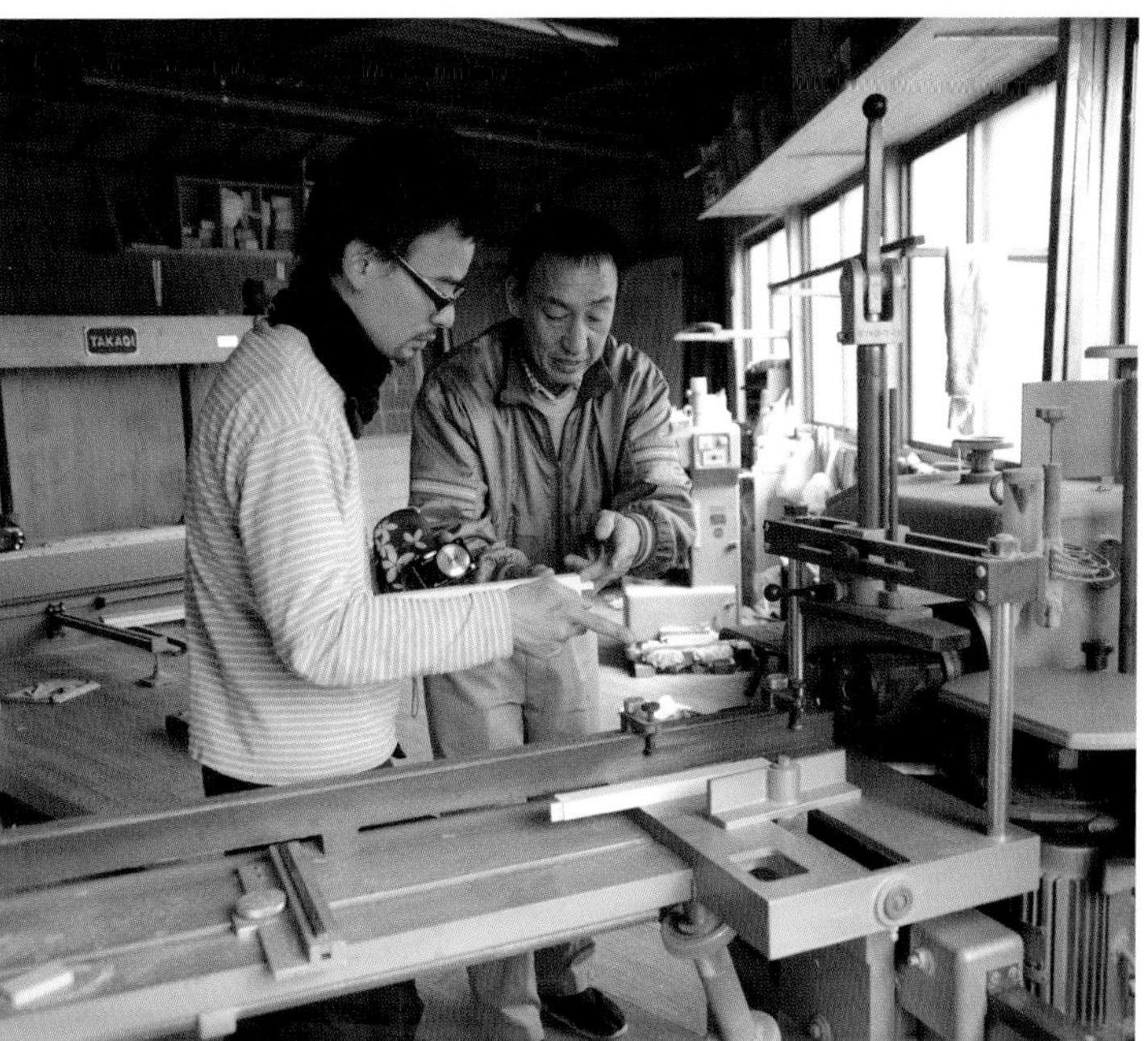

9 ……こだわりの風呂

2011年2月8日

風呂の造作には、それなりにかなりこだわりました

僕は、今までいろんなところを旅してきて、行く先々で印象深い温泉宿や旅館・ホテルの風呂に入ってきました。海外のユニークなホテルバスもかなりの数体験してきました。

ちょいと大げさな言い方になりますが、ある意味そんな体験の集大成ともいえる風呂にしたかったのです（笑）。といっても、王様の風呂のような大きさや豪華さではありません。

やろうと思ってもとてもそんなことはできません。

キーワードは「快適さ：Pleasant」「くつろぎ：Relaxation」です。

はたしてどんな具合になりますやら……。

まず風呂の設置場所ですが、当敷地の一番の贅沢である富士山と街の夜景が見える位置に設計しました。

そして景観を見るための大きな窓を設けます。

湯船は、お湯の量が多く必要で大変ではないかとちょっと心配ではあったのですが、思いきって手足が十分に伸ばせる大きさに設計しました。

湯船の大きさ、深さ、天板の厚さと大きさ、湯船と床との段差など具体的な要件を、僕自身が手描きで図面を作成し、棟梁に渡します。

湯船の材料には、先の「伊豆石」の項で紹介した、これまた僕自身が伊豆現地から直接入手し運搬してきた伊豆石を使います。

湯船および石張り施工は、土間と同じく渡辺充さんにお願いしました。実に良い仕事をしていただきました。

伊豆石を張る渡辺充さん

風呂空間の施工材料は無垢の檜材と、土間と同じクオーツブラックの組み合わせ。
内装工事はヤング楠さんの担当です。
檜の清逸な香りが充満します。

手書きの風呂設計図面

檜の板を張るヤング楠さん

湯船の周りには檜の厚い板を腰掛け風に張り巡らしました。
ここに徳利と盃、あるいはワイングラスを置き、一杯!!
という酒呑みの究極の世界をイメージして……（笑）。
おかげさまで、イメージした通りの風呂に仕上がりました。

完成した風呂場

10

……ロフト手すり

2011年2月22日

今回の古民家再生の見所の1つに、ロフト空間があります。元の古民家では平屋であった部分の屋根を高くして、大きなロフトと吹き抜け空間を創出したのです。

古民家の再生設計をするにあたっては、元の家を忠実に復元再生する考え方もありますが、僕は元の家の良さを残しつつ可能な部分で大胆にアレンジして、より快適に過ごしやすい空間創りをすることが重要と考えています。

また、このことが古民家再生の一番ワクワクする楽しいところではないかと思います。

僕が「古民家再生は創造的空間造りである」と称する由縁です。

このロフトのアイデアは、共同でデザインを担当していただいたカール・ベンクスさんから提示していただきました。

そのロフトの手すりを造作するのは脇棟梁の楠　芳さんです。

長年の経験で設計図を見ることなく、手際よく作っていきます。

図面を見ることなく作業を進める楠さん

11

もう一つのこだわりのキッチン

まずは参考に、何社かの大手システムキッチンメーカーのショールームを見て回りました。いずれのショールームにもいろいろと工夫されたキッチンが展示されていました。しかし価格を聞くと驚くような高額です。この価格ではとてもじゃないが導入したくともできません。

それと正直な印象は、見た目は良いけれど「品質と価格の釣り合いがとれていない」というものでした。

自分たちで考え、オリジナルなキッチンを自分たちで作るのがベストではないかと思いました。

とは言っても、僕自身はまったくの不器用、とても不可能です。

その点、息子は鍛金造型作家でもあり、物を造るのが専門でかつ器用でもあります。

実は、息子の創は、今回の古民家再生プロジェクト進行と同時期に、縁があってスコットランドにあるグラスゴーアートスクール等に2年間客員アーティストとして留学していました。

グラスゴーアートスクールは建築や家具設計で有名なマッキントッシュが学び、教えていた学校です。

そんなこともあり、彼は、海外生活の経験から合理的で使い勝手のよいキッチンを、自分の設計施工でチャレンジしてみようと考えたようです。

全面的に任せました。

キッチン設置場所は風呂と同じく、富士山が望める南向きの一番よい場所に定めました。

元の家では玄関になっていたところです。

従来の日本家屋では、キッチンは北側に向けてつくることが一般的でした。理由は、位置的に寒いので食材が傷みにくいからです。南側に造ると食材が傷むことに加え、火を使うことから夏は暑くて過ごしにくいと言われています。

そんなことで、南側にキッチンをつくることは、言わば日本の住宅建築の常識ではタブーだったのです。

しかし、キッチンは家庭の主婦（主夫も）が一番長くいるところです。

そのキッチンが、太陽の日差しが燦々と入って明るく、眺望も良いところなら台所仕事がますます楽しくなるのではないか。

男所帯の我が家ではありますが、料理をすることが好きな僕たちは、そのタブーにチャレンジすることにしました。

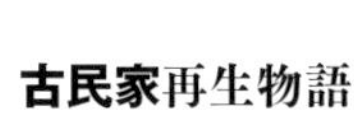

12 キッチンの造作

まず、僕が手描きでキッチンの大まかな平面図を作成します。

それに基づき、息子がパソコンで精密な図面を作成します。天板の大きさ、高さ、どの位置にどのような大きさのシンクやIH機器を組み込むか。調理器具や食器などを収納できるスペースや、大型のゴミ箱や分別ゴミ用のスペースも確保し、見た目にスッキリしたキッチンになるように設計します。

ちなみにキッチンの天板・ワークトップの高さは、通常日本では85センチが標準ですが、息子はイギリスでの生活体験から90センチに設定したいと言います。最近の若者の体格向上もあり、これが適正な高さなのでしょう。奥行きも65～75センチにと広めに設計しましたが、これらの寸法は結果的に大変使い勝手がよく、正解でした。

洗濯機もビルトインして組み入れることにしました。冷蔵庫もビルトインしたかったのですが、適当な冷蔵庫が見つからず、これは断念しました。

また、シンクは少し大きめの物が欲しくて、東京台東区のかっぱ橋道具街に出向き探しに行きました。しかし適当なものが見つからず、結果的には大手メーカーのシンクを設置することになったのですが、かっぱ橋は実に面白いところで、二人して探索を大いに楽しみました。

天板の素材には、デュポン社が開発した人工大理石コーリアンを使うことにしました。

上記の要素を全て組み込んだ詳細な図面を作成し、素材メーカーに直接発注します。

寝袋で泊まり込む

IKEAのパーツが納品された

木工作業

後日、このコーリアンの天板は、３つのパーツに分けて納品されましたが、接着も息子が施工しました。

調理器具や食器を収納する引き出しなどの部材の一部は、ＩＫＥＡで探し調達しました。

引き出しの取っ手は、息子が、ＩＫＥＡの製品では気にいるもが見つからないというので、彼が自分で作ることになりました。

特注品です（笑）。

ところで、彼のアイデアで、この取っ手の金具に、好きな言葉や格言・警句などの文字を掘り込もうという計画になっています。

例えば候補として

「人生の美酒を味わずして、生になんの意味があろう」

「Let it be！ So be it！」

「何かをやる時に　遅すぎるということはない」

「ワインを呑んでいる時間を無駄と思うな。その時、君の心は休養している。」

「酒は人生最大の敵である。だが、聖書にはこう書いてある。汝の敵を愛せよ、と」（ドイツ諺）

「あらゆる黄金をもってしても　自由を売ることは正しからず」（ドブロヴニク市民憲章）

などの言葉を、僕はもうすでにいくつもエントリーしてあるのですが、息子の仕事が忙しくて残念ながら現在のところ（２０２１年）まだ入っていないのが心残りではあります（苦笑）。

天板も入り、かなり出来上がってきた

キッチンの窓からは富士山と甲府盆地・塩山が見える

さて、こうした我々二人の思い入れを込めたキッチンですが、設置・造作作業は全て息子がやり遂げました。

彼は、横浜との往復の時間と交通費節約のため、寝袋での泊まり込み作業までして完成させてくれたのですが、完成時のプロ顔負けの出来栄えには、正直、僕も驚きました。

そして費用も、大手メーカーのシステムキッチンに比べると4分の1以下のコストで作ることができたことは二重の喜びでした。

●平面図

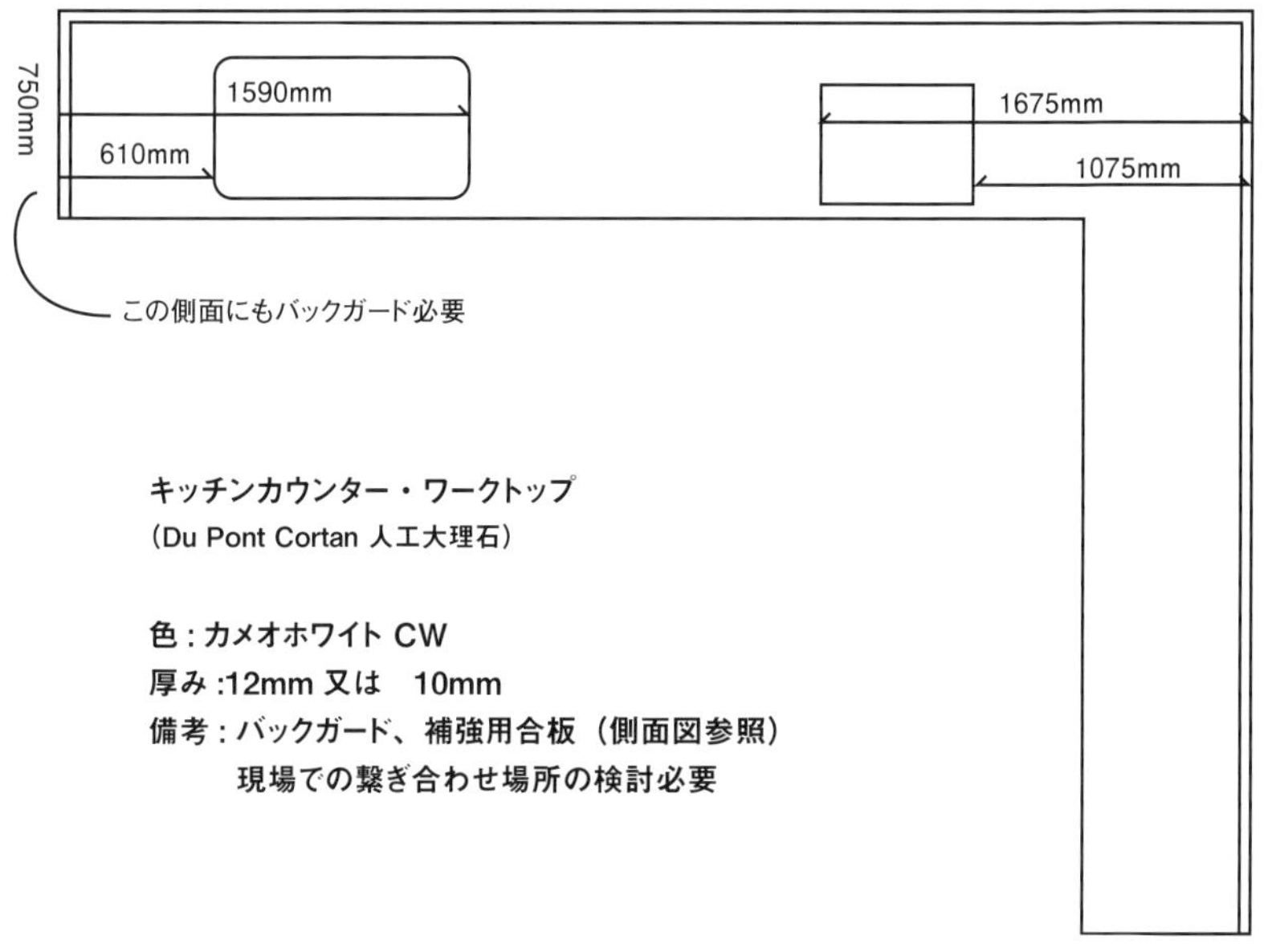

完成したキッチン

この取っ手の金具に、格言･警句などの文字はいつ掘り込こまれるだろうか

13

玄関敷石

2011年3月1日 小雨

3月になって徐々に暖かくなってきたとはいえ、冷たい小雨が降る一日。

今日は朝から大仕事が始まります。玄関に大きな敷石を運ぶのです。

当初、敷石の計画はありませんでした。

資材置き場から巨石を運び出す

しかし、野沢棟梁から古民家の風格にあった石を敷いてはどうか、との提案をいただいたのです。ちょうど、適当な石が、野沢住建の資材置き場にあるから使ってはどうかというのです。

現地に見に行くと、巨大な石です。ひとつ数トンはありそうです。そう簡単には持っていけません。少々迷いましたが、せっかくの申し出なので有難くいただくことにしました。

資材置き場に、古民家の古材を運搬した大型クレーン車が来ます。トラックに乗せ、再生現地に運び込みます。

現地玄関では巨石を埋め込む準備が始まります。

再びクレーンで吊り上げ、玄関先に持っていきます。ちょうど良い場所にかつ水平になるように、位置が決められていきます。事故がないよう慎重に仕事が進められます。

一番大きなメインの石の設置が終わりました。次に中くらいの石を持っていきます。この石は現地の整地時に出て来た石の中から平面が平らな適当な石を選んで持っていきました。

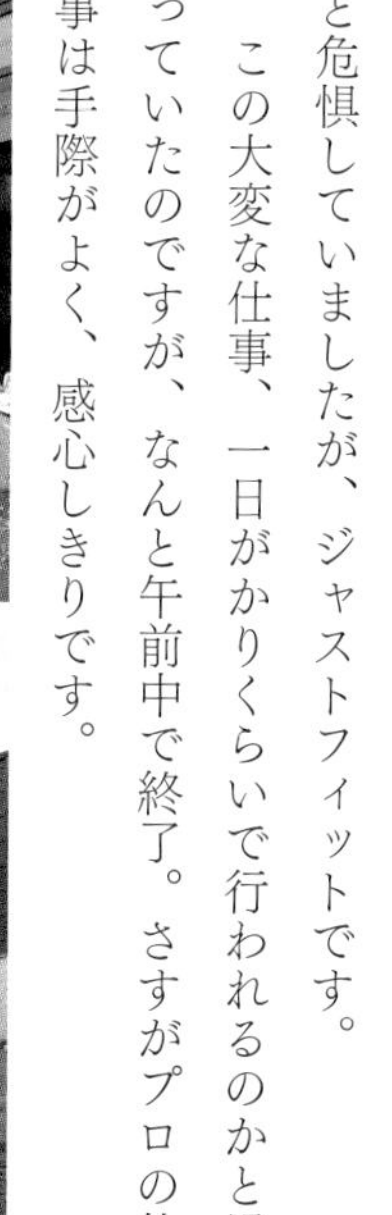

完成です。

当初、石が大きすぎてアンバランスになるのではないかと危惧していましたが、ジャストフィットです。

この大変な仕事、一日がかりくらいで行われるのかと思っていたのですが、なんと午前中で終了。さすがプロの仕事は手際がよく、感心しきりです。

敷石設置完了

庭から出てきた石も有効活用

雪景色

2011年3月7日　雪

牧丘地方には、年に何度か雪が降るとのことです。降ってもそんなに積もることはなく、1、2日で溶けてしまうとのことです。

2月初旬にも少し降ったようですが、あいにくその時僕は現地にはいませんでした。

この日、現地に行くと雪が降っていました。久しぶりに見る雪景色です。

都会に住む者にとっては、たまの雪景色は嬉しいものです。雪は半日で5、6センチ積もりました。

雪の降る中、遠景で見る古民家再生は、それはそれでまた美しいものでした。

夕刻には雪が降り止み、うっすらと積もった雪景色に夕陽が照り始めました。

15

……東日本大震災

2011年3月11日

2011年3月11日（金）14時46分、この日、大地震が日本列島を襲いました。

地震の規模はマグネチュード9・0。震源域は岩手県沖から茨城県沖までの南北約500キロ、東西約200キロのおおよそ10万平方キロに及ぶ広大なエリアで、日本観測史上最大の地震です。

僕はこの日、横浜の自宅マンションでデスクワークをしていたのですが、今までに体験したことがないすさまじい揺れで身動きができず、一瞬「これはいよいよ関東大地震が来たか！」と机にしがみつきながら思いました。

しばらく、といっても10数秒のことかと思いますが、揺れが一向に収まる気配がなく、これは室内にいては危険かもしれないと思い、幸い部屋は1階なので、ふらつきながらベランダに面したサッシ戸を開け、庭に飛び出しました。その間もまだ地震の揺れは続き、建物も地表もぐらぐらと揺れ動いていています。

横浜のマンションは壁式構造で地震には強いといわれていたのですが、それでも、マンションが崩壊するかもしれない、今、目の前で建物が崩れてきたら僕は死ぬかもしれないないな、と本気で思いました。

さて、話は山梨の現場です。

この日僕は現場にはいなかったのですが、後日、大工棟梁の楠さんに聞いたところ、山梨の再生工事現場でもすさまじい揺れだったそうです。

当日、3階部分にあたるロフトで天井の仕上げ作業をしていた楠さんは、いきなりの強い揺れで、作業を中断。片手を梁に、もう一方の手でサッシの取っ手を握り締めながら、体を支え立っているのがやっとの状態で、「揺れは5分から10分くらいもの長きにわたって続いたように感じるほどだった。その間、建物内では構造体の木と木が干渉し合い、ギシ！ギシ！ギシ！ときしむ凄い音を立て続け、建物前の池のようになっていた水たまりでは、コップの水を揺らすと跳ね上がる水のように、1メートルもの高さで波打っているのが印象に残っている」と言います。

そして、「揺れの第一波が収まり這々の体で建物の外に出たところで、再び次の揺れが。しばし茫然とした時間を過ごした。少し状況が落ちついてきた後、建物の内外を見て回ったところ、漆喰の下塗りが終わり上塗りが始まっていた箇所に微細なひび割れが散見された以外は、建物にはほとんど被害は見当たらないことを確認した」、とのことでした。

一級建築士でもある楠さんが言うには、「結果的には再生古民家の耐震実験を竣工前に行ったようなことになった。日本の伝統的木造住宅の軸組構法による大きな空間を確保する柔構造と石場建てなどにより、地震のエネルギーを吸収拡散し揺れに強いことを実感した」、とのことでした。

16 洗面所とトイレ

２０１１年3月17日

風呂の造作完了と同時に、洗面所とトイレの造作が始まりました。

工事に先立って洗面器、蛇口、ミラー、便器などを選ぶために、各メーカーのショールームを訪れました。当初、簡単に決められると思っていたのですが、これが結果的に大変難儀しました。

トイレは、日本が世界に誇るウォシュレットトイレがあり、比較的簡単に決定できたのですが、洗面器・蛇口・小便器・収納キャビン・ミラーなどは、どのメーカーのショールームに行っても、僕や息子のイメージに合うものがなかなか見つからないのです。

そのイメージというのは「クラシックな雰囲気がベースにあり、シンプルでかつモダンで飽きのこない」デザインというものです。我ながらなかなか難しい注文ではありま す。やむなく海外のメーカーのものも調べました。

洗面器の取り付け

結果的に、洗面所の洗面器と蛇口はドイツのＤＵＲＡＶＩＴ製を、小便器はフランスのＡＬＬＩＡを選択しました。

１階トイレ手洗い器は、風呂に使用した伊豆石の残りでオリジナル洗面器を渡辺さんに作ってもらいました。既製品に無いいい味が出ていると思うのですがどうでしょうか?

それと洗面台には、アノ神代欅を使用しました。なんという贅沢!! こんなトイレは世界唯一でしょう（笑）!!

２階トイレ手洗い器は、旅先の岐阜で見つけた大きな陶器の盛り鉢に穴を空け、これまた野沢住建の資材置場に転がっていた欅の端材を分けていただき洗

完成したトイレ

洗面所キャビン

面台にし、取り付けました。

洗面所キャビンのミラーはＩＫＥＡのパーツに、無垢の杉板を張ることで落ち着いた感じの仕上がりになりました。

また、洗面所とトイレの戸には古建具を、またトイレの収納開き戸にも古建具を活用します。

完成した洗面所

神代欅と伊豆石を使った1階トイレ

伊豆石で洗面器を作る

トイレの引き戸に息子が作ったオリジナルキーを取り付ける

2階トイレ

手洗い下収納棚の引き戸に古建具をカットして活用する

17

月見台デッキ

2011年3月17日 晴れ

屋内の内装工事と同時に、外部の月見台デッキの工事も始まりました。

このデッキの作成には反対の声もあったのですが、僕にとっては絶対に必要なアイテムでした。

ちょっと大げさな言い方になりますが、誰が反対しようと必ず造ると心に誓っていたのです。それも、家の大きさに負けないそれなりの大きさのデッキを!!

ある時、この思いがどこから来たのかと、つらつら考えたことがありました。

記憶をたどっていくと、中学生の頃、美術の授業で行った桂離宮を思い起こしました。

そうだ、あの桂離宮の月見台だ。あんな台が家にあったら楽しいだろうなぁ、という印象が記憶のどこかにかすかに残っていたのでした。

桂離宮の月見台は、池に向かって、竹で風情のある雰囲気で作られていますが、こちらは山と街を見下ろす位置で、古民家にふさわしい素朴なものにしようと考えました。

さて、工事が始まります。

まず大きさと設置位置を決め石場建てのための石を配置します。

床材は水に強い外材の使用も検討しましたが、最終的には檜の国産材を使用しました。野沢棟梁によると檜は水にも強いしササクレしない、かつ補修するときに材料に困らないとの説明があり決定しました。

脇棟梁の楠さんと大工の早川さんが、瞬く間に組み立てていきます。

まず大きさと設置位置を決め石場建てのための石を配置します

18

……古民具探し

2011年3月

古民家再生の造作と並行して、古民家にふさわしい調度品探しも必要でした。

もともと骨董品や古民具が好きでしたから昔から少しずつ収集はしていましたが、今回のプロジェクトスタートにあたっては、ある程度まとまった数の家具や調度品が新たに必要になりました。

その家具ですが、新品であれば割と早く調達可能ですが、古民家にふさわしいアンティーク家具をそろえるとなるとそう簡単ではありません。かといって、あせって買い求めては、つまらないモノを掴みかねません。それにそんな買い方をしても楽しくありません。まぁ、良いものに遭遇するまで気長に構えることにしました。

僕は、年中、古民家や古民家集落の撮影に全国に出向きます。そうした旅先で、骨董店や古民具店に飛び込んでは、モノを物色します。僕の旅の楽しみの1つです。

そうした中で町田と八王子に良い古民具店を発見しました。「古福庵」という店です。

この店は、品数も品質もそして価格もリーズナブルな店です。

京都や滋賀から出てきた、明治時代の状態の良いアンティーク家具を、幾つか分けていただきました

若くて美人の店長
小林さんです

19 ……古欅材の建具

２０１１年３月

玄関入り口の戸と土間から居室に上がる仕切り戸ですが、この２つの建具はこの建物の中で最も目立つ、いわば顔になる建具になります。当初、古建具を探してはめようと考え、随分探したのですが、イメージに合う、かつ状態の良いものがなかなか見つかりません。

そこで、玄関戸は、元の古民家に敬意を表して、古民家で使われていた玄関の中戸（表玄関から一歩入った次の扉）に使われていた２枚の欅戸のうちの１枚を使い、もう１枚の戸はデザインを変えて新しく作ることにしました。

ただ、新しく作るといってもやはりそれなりの風格を感じさせる建具にしたいと考え、古材を使って作りました。幸い、新潟の市村さんから良質な欅の古材を何本も譲っていただいていましたから、その中から選択し、竹を組み込んだデザインを僕が描き、横浜でお付き合いのある土屋建具店の土屋徳光さんに制作してもらいました。

土間と居室を仕切る格子戸も、同じく僕が図面を描き、欅の山材を使って宮崎木工所で制作してもらいました。

山材で作るのは新材で作るよりも難しいそうですが、双方とも良い仕事をしてもらいました。

出来上がった格子戸には、全体との色の調和を取るために久米蔵という古色塗りの塗装を施し、はめ込みました。とうでしょうか！ 素晴らしい出来栄えです。

20

……アイランドキッチン

2011年3月22日

壁面のキッチン調理台が完成した後、アイランドテーブルの造作に取りかかります。

キッチンの空間は、元の古民家では、玄関と土間であった場所です。台所として使用するには、かなりの広さがあります。ですから、窓際にL字型に設置した調理台だけで、大きさとして十分です。

楠さんと早川さんが慎重に材料取りをしていく

ただ、部屋の真ん中に柱があり、その柱をそのままにしておくのはちょっと空間的に違和感があります。

そこで台所作業で使うと同時に、食卓としても使用できるアイランドキッチンを、柱を囲むように造作することにしました。

男にしては料理を作るのが好きな方ですから、楽しいキッチンになりそうでワクワクします。

欅の表面はまず機械で荒削りし、その後丁寧に鉋がけされる

卓上に使う木は、元の古民家の書院床の間に使われていた厚い欅の材を転用しました。樹齢3～400年の欅材で、加えて100年前から使われていた古材ですが、鉋がけをするときれいな木目が浮き出てきて、良い香りがします。

木は何百年経っても生きているんですね。

少しずつ丁寧に作業が進められ、10日間ほどでアイランドキッチンは完成しました。

息子が丹精を込めて造作した調理台とアイランドが相まって、素晴らしいキッチンが出来上がりました。

満足いく出来映えです。

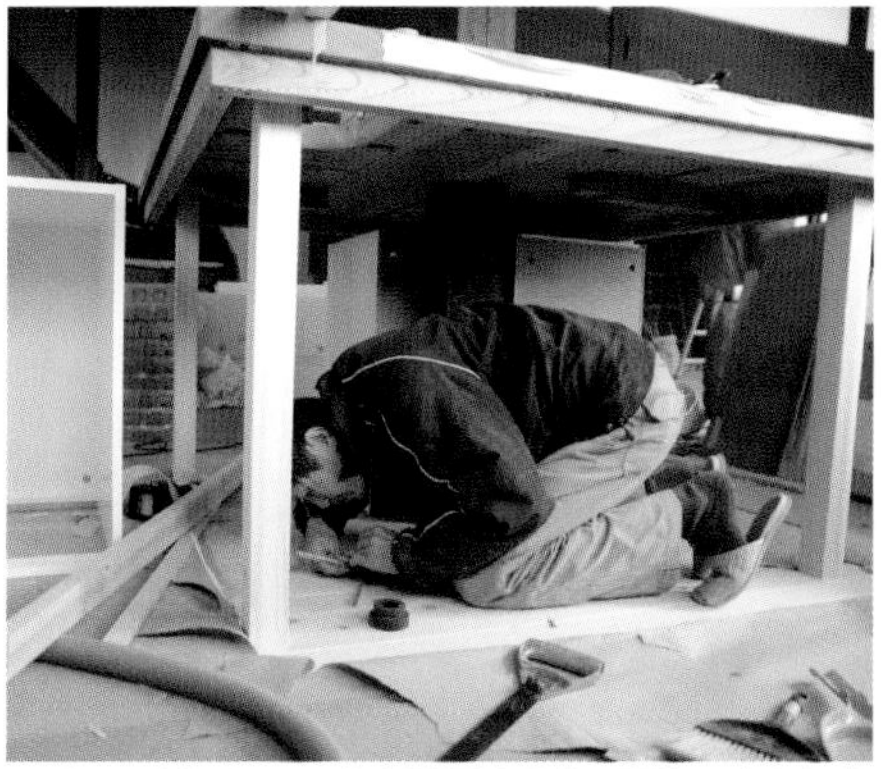

アイランドにもシンクを設置する為、配管工事も行う

柱を中心にして組み立てられていく

素晴らしいキッチンが出来上がった

……ストレージ

2011年3月22日

風呂、洗面所、トイレそしてキッチンと室内の造作が着々と進んでいきます。

内装もいよいよ終盤、大詰めです。

ところで、せっかく素晴らしい家を造っても、家中にモノが散乱していては興ざめです。

日本の住宅事情は、狭い空間にもかかわらず物持ちであるためにどうしてもそうなりがちです。

それを解決するために、田舎の旧家では母屋と蔵が必ずといってよいほどセットで造られています。しかし、今回の古民家再生では、蔵まで移築再生することは予算的に無理。

ストレージに棚を作る

中2階のストレージ

そこで、屋内に思いきって大きな空間＝ストレージ＝蔵を設けることにしました。

1階の欅の間に隣接した部屋、ここは居室として使うことも検討しましたが、西北に位置することもありストレージにしました。

新潟の旧家から出てきた欅の一枚板で作られた見事な蔵戸を、1階ストレージ入り口に設置します。この蔵戸は、古民家仲間の友人の掛端明光さんの好意で分けてもらったものです。

このストレージを、蔵の間と名付けました。ただし、ストレージの中には大したモノは入っていません。この蔵戸が一番のお宝です（笑）。

それともう1ヵ所、屋根を上げたことによって中2階に大きな空間が確保できました。天井高140〜150センチと低いのですがストレージとしてなら十分です。秘密の隠れ部屋としても使えそうな面白いスペースです。

欅の一枚板で作られた蔵戸

22

電気工事

2011年3月17日 晴れ

今まで工事用電気の仮配線であったものを、正式に、居住用の電気配線に切り替えるための工事が、朝から始まりました。

また西側側面では、湯沸かし器等の設置も同時に進行します。

美観を損なわぬように、息子が機械類を隠す囲いを作ってくれました。

こうして、着々と生活するための最終段階の準備が進みます。

23 本棚

収納の続編です。

欅の間の北側壁面に細長いスペースがあり、そこに本棚とテレビを設置することにしました。

読書が趣味の1つである僕には、それなりのボリュームの蔵書があります。その蔵書を、マンションの狭い部屋にどのようにして収納するか、いつも頭を悩ませてきました。

そんなこともあり、今までにさまざまな本棚を購入したり、特注で作ったりして収納の試行錯誤をしてきました。

写真は横浜自宅マンションの本棚の一部ですが、ここ隠れ屋では今までの試行錯誤の結果、最終的に至った長谷川流？ユニット方式の本棚を作ることを、迷わず選択しました。

それは、90センチ×90センチのスクエア枠、奥行き30センチ、裏板無しの木組みを基本ユニットにし、仕切りの棚は可動式、全てのパーツを木厚3センチの材で作るというものです。

このワンユニットの大きさや木の厚みは、最も効率的にさまざまな本が収納でき、かつどんな重さの本にも耐え、かつ本棚の移動も容易という、今までの僕の体験に基づくものです。

問題は、3センチ厚の良材の入手でした。

このユニット本棚は、10数年前横浜の自宅用に作ったのが初めなのですが、自宅近所のホームセンターはもとより、専門の材木店に行っても適当な材木がなかなか見つかりませんでした。

そこで、思いあまって、北海道の武部豊樹さん（武部建設代表）に相談することにしました。武部さんは、日本民家再生協会のメンバーで、親しくお付き合いいただいている方ですが、その武部さんが、いつか「材木のことで何か相談事があれば何でも問い合わせてください」と言っていたことを思い出したのです。

電話で相談したところ、タモという家具を作るのに最良の材があるとのことで、その材を北海道から送っていただき、知り合いの建具屋さんに作ってもらったのですが、これが大変優れモノでした。

今回も、武部さんの紹介で、北海道の堀川林業から同じ

マンションスペースの有効活用に廊下壁面に作り込んだ本棚。奥行きが浅く、CDや文庫本の収納に便利

古家具ローチェストをテレビ台に

ユニット本棚の組み立て

タモの材を調達し、楠さんに作ってもらいました。ちなみに、楠さんは大工棟梁ですが、家具など指物作りも得意というか、趣味とのことで、将来は自宅で指物作りを楽しみたいとの夢を持っています。

さて、ユニット本棚が出来上がってきました。早速組み立て作業に入ります。なお、このスペースにはテレビも設置する予定ですが、テレビを見ないときは隠しておきたいので、前面に障子をはめ込みます。本棚の中の照明をつけると、障子も通して陰翳礼讃の世界も楽しめます。

テレビを見ない時は障子を閉め、陰翳礼讃を楽しむ照明になる

24

照明

古民家とはいえ照明は大切で重要な要素です。いや、伝統的な古民家空間だからこそそれに相応しい、風情のある、かつ機能的な照明が必要と考え、それなりにこだわって施工しました。

一番のこだわりは、人工的で無機質な光を発する蛍光灯を使わないことです。電気代は少し高くなりますが、基本的に全ての照明に暖かみのある白熱灯を使用します(部分的に白熱灯色のLEDも使用)。

夜、玄関をくぐり土間に入ると、古い大工道具の大鋸を素材にして息子が作った人感式照明が、ボヤ〜ッと土間空間を照らし出します。土間をさらに進むと鳥かごを使った照明が足元を照らします。欅の間には、ミニ電球を組み込んだ鉄の床柱からほのかな灯りが漏れます。この鉄製床柱も息子の作品です。いずれも白熱灯の明かりです。さらに壁面と天井の調光照明で使用状況に応じた明るさを確保できるように施工しました。

ところで、照明にも建築デザイナーであるベンクスさんの妥協を許さない一つのポリシーがありました。それは、1階リビング一坪のスペースにつき、4個の白熱灯ダウンライトを設置することです。僕や棟梁は、1個でもいいんじゃないか、多くても2個も付ければ十分じゃないかと主張しますが、ベンクスさんは今までの経験から、「NO！ 絶対に4個必要です！」と妥協しません。やむなくというか、施主の方が妥協して、ベンクスマジックともいえる特殊な感性を持つベンクスさんの意見を尊重して設置しました。結果的には、広い空間には必要な明るさでした。

ただしいつも全部つけると明るすぎるので、ゾーンを区分しかつ調光機能を設けました。これで、使用状況に合った照明が可能になっています。またこれらのスイッチは一箇所に集め集中管理ができるようにし、かつ見えないように隠してあります。あちこちにスイッチがあるのは使い勝

土間上部に設置された古大鋸を活用した人感センサー付き照明。玄関から土間に踏み入ると、この灯りが土間空間全体をほんのりと照らす

古い鳥籠を活用した照明

鉄で創られた床柱の灯りも部屋のアクセントに

手が悪いし、目障りでもあるからです。スイッチに限らずテレビなども、この家ではできる限り余計なものは見えないようにしてあります。

余談ですが、家の完成時に、固定資産税の算定に二人の市の担当者が隠れ屋にやって来ました。家に上がりひと回り家中を見たあと、彼らは天井を見上げ熱心にダウンライトの数を数え出しました。合わせてコンセント数も……。担当者に何をしているのかと尋ねると、ダウンライトやコンセントの数が、その家の固定資産の税額算出の基礎数字になるとのこと。要は多くの照明やコンセントを使うことは贅沢な生活行動になるということのようです。参考までに記すと、台所に組み込んだ洗濯機も、「これは食器洗い機か？」と尋ねられました。食器洗い機だと贅沢品とみなされ固定資産税が高くなるとのことでした。

ともあれ、上記のように我が隠れ屋にはかなりの数のダウンライトが設置されており、担当者も天井を見上げしばし唖然と見入っていました。ダウンライトはむき出しですから隠すわけにはいきませんが、一方のコンセントは目障りにならぬようできるだけ隠れるように設置していたので、数は少なく算定されたようです。言うまでもなく税逃れを意図して隠したわけではありませんが、結果的にほん少し固定資産税は安くなったようです(苦笑)。

笑い話のような少々驚きの固定資産税算出の体験でした。

ベンクス氏指定の天井ダウンライト

壁面の書画を照らすスポットライト

25

……室内塗装

2011年4月

いよいよ工事も最終段階に入ってきました。

天気の良い日を見計らって、室内の塗装作業に入ります。

室内の塗装にどのような塗料を使うかは、今回の古民家再生工事の最重要テーマの1つでした。それは色彩デザイン上での問題であると同時に、健康上の重要問題でもあるからです。

かつて某大手ハウスメーカーに依頼して家を造った際や、新築分譲マンションに住み始めた時に、そこで使用されていた塗料や壁紙の接着剤などによるシックハウス症候群に、家族が、特に子供たちが悩まされた苦い経験がありました。

その当時は、まだシックハウス症候群はあまり社会的な問題になっていなくて、原因が分かっていませんでした。

それが塗料や接着剤に含まれているホルムアルデヒドによるものだということが判明し、俄に社会問題化したのは、そんな昔のことではありません。

それが分かるまでは、原因はむしろ個々人のアレルギー体質によるものと受け止め、ただ我慢をするしかなかったのです。今にして思えば酷い話です。その後、住宅に使用する材料には一定の規制が設けられることになりましたが……。

塗装の前にゴミが無いよう奇麗に掃除をする

そうそうシックハウス症候群といえば、家ではありませんが、つい最近たまたま新車のレンタカーに乗った時に、目がチカチカする不快な経験をしました。自動車産業では、

ロフト塗装完了

いまだに規制がされていないのでしょうか。

ところで、この問題に関しては欧州はかなり早い時期から規制を設けていたようです。特にドイツでは厳しい規制・基準を設けていて、身体に害のない自然素材塗料の研究・使用が進んでいます。

今回デザインを共同担当してくれたカール・ベンクスさんは、この件についての豊富な知識と経験を持っていました。

彼に共同デザインを依頼した時、提示された条件の1つに、彼の薦める塗料を使用することがあったのですが、無論私としては望むところでした。

そんなことで、ベンクスさんが、ドイツで調達した自然素材の水溶性原材料を調合して色彩を確認後、塗装作業に入りました。

真新しい無垢の木に塗るのはちょっと惜しい気もしなくはありませんが、全体のデザイン統一のために目をつむります。

このドイツ製の塗料は一度塗り終わって乾かし、再度二度塗りをします。

一度塗り終了　1階のスペースはかなりの広さがあり、塗りがいがある

塗装前の１階スペース全景

この塗料は水溶性のため、そのままの状態では水が付着すると剥げてしまいます。そのため定着用のアクリル系皮膜塗料を塗ります。これで最終的に適度な光沢をもった、シックで落ち着いた色合いに出来上がります。

この塗装作業は3月17日に始まったのですが、終了したのが4月8日。断続的ではありましたが都合3週間かかりました。

二度塗りをし、さらに定着用の皮膜塗装を施し終了

26

恵林寺の桜

2011年4月8日 曇り

待望の春がやってきました。

再生現場から車で10分ほどの所に、武田信玄の菩提寺である恵林寺があります。

街に買い出しに行った際、通りがかったら桜が見事に満開。天気は薄曇りだったのですが、かえってこのような天気の時の方が花の色は冴えます。おもわず停車し、見入ってしまいました。

恵林寺

桜の満開とともに今度は桃の花が咲き始めます。桃源郷の季節です。

長かった古民家再生の工事も、竣工に向かっていよいよ大詰めです。

27

ほぞ穴で遊ぶ

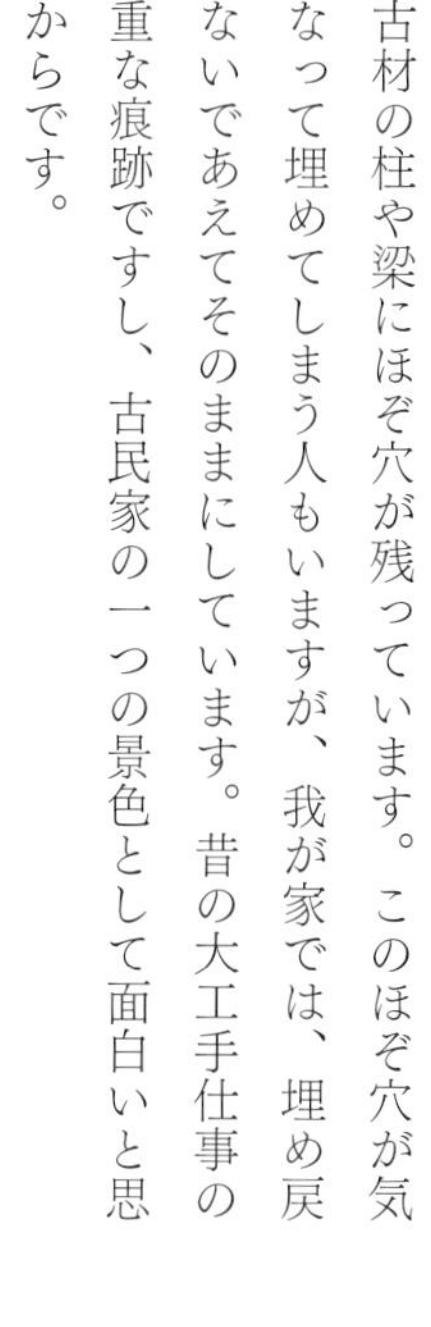

古材の柱や梁にほぞ穴が残っています。このほぞ穴が気になって埋めてしまう人もいますが、我が家では、埋め戻さないであえてそのままにしています。昔の大工手仕事の貴重な痕跡ですし、古民家の一つの景色として面白いと思うからです。

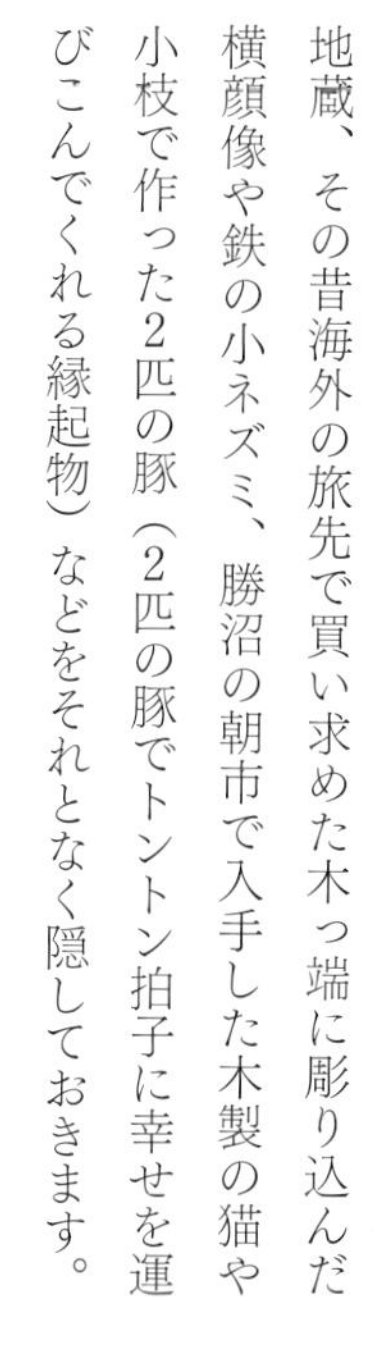

このほぞ穴のあちこちに、小さな陶器の達磨や木彫りの地蔵、その昔海外の旅先で買い求めた木っ端に彫り込んだ横顔像や鉄の小ネズミ、勝沼の朝市で入手した木製の猫や小枝で作った2匹の豚（2匹の豚でトントン拍子に幸せを運びこんでくれる縁起物）などをそれとなく隠しておきます。

28

障子張り

2011年4月8日　曇り

今回の古民家再生での内装の重要なポイントの一つに障子があります。

前にも少し記しましたが、障子は木製サッシとペアガラスの3点セットで使用することで絶大な断熱効果を生みます。これは十数年前、横浜のマンションの内装で実際にやってみて実証済みです。

節電をはじめとしたエコ対策が何かと話題になる昨今、これは費用対効果の高いかなり有効な対策の一つです。

またデザイン上での美的な観点からも、障子は世界に誇れる内装です。谷崎潤一郎の名著『陰影礼賛』を持ち出すまでもなく、障子が作り出すほのかな陰影、和的な雰囲気と佇まいは素晴らしいものです。

その障子に、今日は和紙を張ります。

笛吹市の内装専門会社㈲オオタの太田浩さんが奥方と一諸に手際よく張っていきます。

どの分野の職人さんも同じですが、動きにまったく無駄というものがありません。見ていてほれぼれするような手際よさで、大小の障子が次から次へと張られていきます。

かなりの枚数がある障子ですが、瞬く間に完了します。

29

……月見台デッキの石段

２０１１年４月15日　晴れ

デッキに上がる階段を設置します。

当初木製の階段をつける予定だったのですが、基礎を作る際に掘り起こした場所からかなりの大きな石が出てきました。これを有効活用しようとの息子からの提案があり、Good Idea!とばかりに飛びつきました。しかし不器用な僕自身は、作業を見守るだけで実際には何もできません。

息子がリーダーシップを発揮し、庭にある適当な石を選別します。

野沢棟梁、脇棟梁の楠さんらと一緒に、クレーンで吊り上げながらしかるべき場所に設置していきます。

実に具合のよい石階段が出来上がりました。

さぁ、いよいよ竣工式は明後日です。

30

古民家再生の費用

古民家再生工事も竣工間近になり、全体像が見えてきました。ここで、工事費用について少し触れておきたいと思います。

古民家再生工事は高くつく、古民家再生はやりたくても費用が高いようだからとても無理だ、と思っている方々がいらっしゃるかもしれません。

確かに僕も、建築家や工務店の人達から「古民家再生は普通の家の新築工事よりおおよそ2〜3割は高くつきます」という言葉を何度か耳にしたことがあります。

中には、坪あたり２００万円もの費用がかかるという工務店もあると聞きます。

しかし、これは本当だろうか?。

僕自身長年いろんなケースを見て来て、そして今回実際に自分で古民家再生を体験してみて、これは事実でもあるし、一方で誤解でもあると思うようになりました。

というのは、実際に高くついているケースもあるし、そんなに高い費用をかけなくても古民家を再生し、活用しているケースもあるからです。事実、今回の我が古民家再生工事ではそんなに高額な費用はかかっていません。

少し具体的な数字を挙げながら考えてみましょう。

住宅建設費は、その住宅の大きさや仕様・グレードによって変わりますし、地域差もありますから、おおよその平均値で語るしかありませんが、ごく平均的な木造在来工法で延べ床面積50坪程度の新築戸建て住宅を建てるとすると、建築時点（２０１０年）、建築費は坪当り70〜80万円、総額３５００万から４０００万円位というところではないでしょうか。そして、古民家再生は2〜3割程度高くなるとすると、計算をわかりやすくするために25%増で単純計算すると、坪当り87．5〜１００万円、総額で４３７５〜５０００万円ということになります。

では、我が古民家再生工事費用は実際にはいくらかかったのか?。

結論から記しますと、上記の木造在来工法の新築住宅建築費と変わらない坪当り約70万円の範囲内で完成しました。なお、この費用の中には、古民家の解体費用や運送費、建築デザイン料、ドイツから調達した木製サッシや網戸、井戸採掘なども全て含まれています。

少し大きめの家でしたから総額はそれなりにかかったものの、当初の予定には無かった造作を追加したことなどもあり、工期が当初計画の10ヶ月から1年4ヶ月と長くなったこと、さまざまなところで本物志向のこだわりを持って造作したことなどコストアップの要因があったものの、上記の費用で出来上がりました。このような事情と、出来上がった再生古民家のクオリティを考えると、満足感は高く、すこぶる納得のいく工事費用だと思います。

さらに言えば、現在では入手困難な貴重な古材を使い、腕のある職人さん達が手塩にかけて造作したこの古民家を、これからさらに100年~200年と使っていく(使える)ことを考えると、僕の体験と実感ではむしろ割安感すら感じるほどです。

無論、コストを抑える努力もしました。

この本の中でも随所に書いてきましたが、自分たちでできそうなことはなるべくチャレンジし、取り組む努力をしました。例えば、キッチンの造作は息子が取り組み、市販のシステムキッチンの4分の1ほどの費用で作ってくれました。古建具や古材、原材料である伊豆石や土間に使用したクオーツブラックなどは、僕があちこち走り回り調達しました。照明器具や、ウオシュレットや洗面器機なども自分たちが気にいるデザインの物を探し、メーカーと直接交渉したり、インターネットを活用しながら仕入れをしました。

これらのことは野沢棟梁やスタッフの皆さんの了解のもとで行ったことですが、こうした我儘を許していただいたこともコスト低減の大きな要因の一つです。

加えて、ささやかながらも何らかの形で家作りに直接関与できたことは、コスト低減もさることながら、家を作るという実に楽しい体験を職人さんたちと共有でき、結果的に今回の古民家再生物語を書くことにも繋がりました。

リーズナブルな費用でできたもう一方の大きな要因は、今回施工をお願いした野沢棟梁率いる野沢住建さんの工事請負体制を抜きにしては語ることはできません。

ご存知のように日本の建設業界の特異性とでもいうのでしょうか、独特の業界事情に「多重下請け」という構造があります。いわゆる元請け、下請け、孫請けなどというの複雑な構造です。この構造のゆえに中間マージンが発生し建築費が膨らんでいきます。無論、請負瑕疵担保責任などのこともあり、一概にこの仕組みが全ておかしいとは言えない面もありますが、建築工事費が不透明で不明朗になりやすい一因であることも間違いありません。

この点、野沢住建さんは元請けで工事を受託し、傘下の木工事の職人さんと、左官、建具、電気工事などの専門協力業者との一体となった工事体制で、不明朗な中間マージンなどは発生しません。

そんなこともあり、野沢棟梁の説明では、よほど特殊な工事をしない限り基本的な古民家再生工事の費用は、坪60～65万円位でできるといいます。

ということは、今回の我が古民家再生工事は少し特殊な工事をしたことになります（苦笑）。まぁ確かに、特殊といえば特別なこだわりの施工をお願いしたことは事実ですが……。それでも通常の戸建て住宅の新築工事費用と変わらないコストで完成したわけです。感謝の一言です。

なお、今回の我が家の古民家再生は、一棟丸ごとを解体し、かつ全面的な移築再生工事でした。

これが、現地再生であったり、解体を伴わない改修での再生工事であれば、もちろんのこと工事費は安くなります。僕は別件で、古町屋のリノベーションをし、そんなに費用をかけないで、古い民家を風情のある快適な住まいに造り変えるという経験もしています。また、マンションの室内を、古民家風にリフォームすることにもチャレンジしました。古民家再生にもいろいろなやり方がありますから、多くの人々が、可能な範囲で、やり方で、古民家再生に取り組んでもらえたらと思います。

蛇足ながら最後に一点。

建築工事費用は、何が何でも安ければいいというわけではありません。言うまでもなく、家は人生の中で最も高額な買い物の一つです。それが「安かろう、悪かろう」になってしまっては元も子もありません。

かと言って、あまりに高額になり、古民家再生が一部の人たちだけの趣味的な取り組みになったり、特別な建物になってしまのは大問題です。工事費用が高額なために古民家再生にチャレンジする人が少なくなり、結果的に古民家が活用されずに取り壊されてしまうのは、社会的に大きな損失になるからです。

そもそも古民家の再生や古材の有効活用はそんなに特別なことではなく、戦前の日本ではごく普通に行われていたことなのです。

ともあれ、クオリティの高い仕事を、リーズナブルなコストで施工していただく。それが大事なことだと思います。そのためには、豊かな経験と実績をもつ、信頼できる設計者や施工会社と一緒になって取り組むことが、古民家再生の成功には不可欠だと思います。

今回、一緒に取り組んでいただいた、カール・ベンクスさんや野沢棟梁とスタッフの皆さんは、まさにそういう方々でした。

そして加えて、施主も、工事が内容的にもコスト的にも適正水準かどうかをある程度判断できる目を養なっておくことも必要だと思います。

古民家再生工事への誤解がなくなり、これからも広く普及していく一助になればと思い、この項をしたためました。

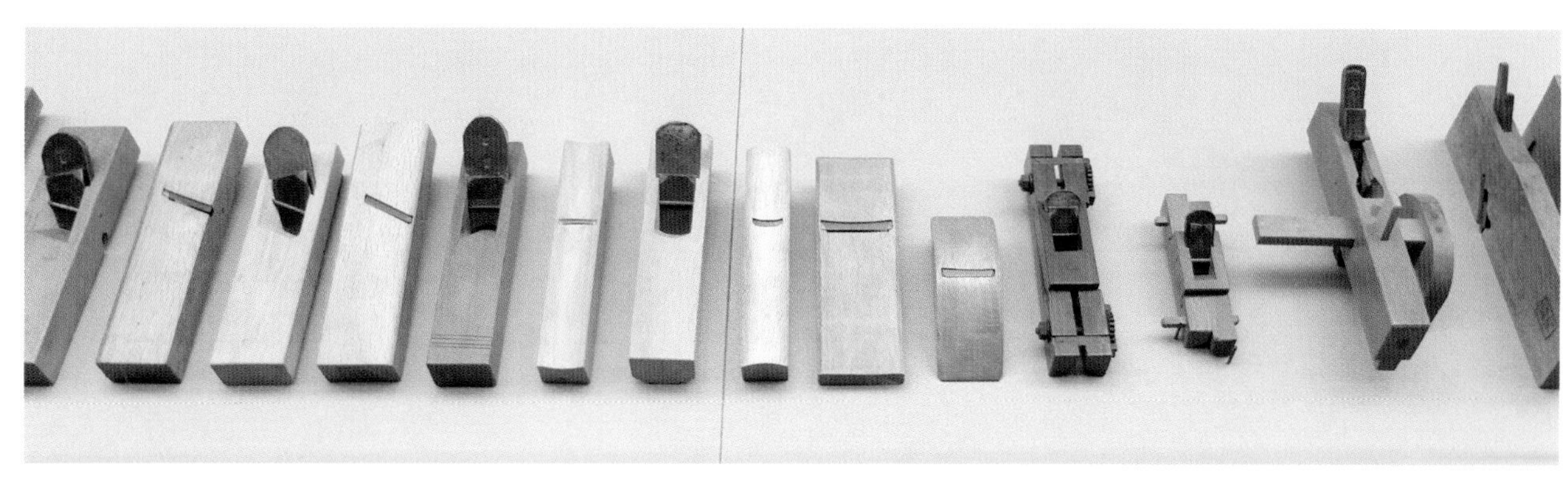

31

竣工の日

2011年4月17日 大安 晴れ

いよいよ竣工の日を迎えました。

振り返れば、新潟上越市安塚の築100年の古民家を解体し始めたのが、2009年10月29日。

あれから1年半経ちました。

土地を取得してからは3年弱。いや、古民家再生を思い立ってから実に20年余経ちます。

ベンクスさんの挨拶と乾杯でパーティーが始まる

よくぞここまで思い続け、そしてなんとか実現できたものだと我ながら感心します。誰かの言葉にありましたが、「自分を誉めてやりたい」と思います（笑）。

記念植樹の枝垂れ桜

竣工前日の昨日、一本の枝垂れ桜を植えました。庭造りはこれからの仕事ですが、1つの区切りである建物竣工の記念植樹のつもりです。

そして今日は、竣工を祝って、工事に携わっていただいた関係者をお招きしてのパーティーです。

まず屋内で、施主の僕からお礼の挨拶をし、工事に携わっていただいた皆さんを代表して野沢棟梁に感謝状を授与させてもらいました。

1年半にわたる工事期間、さらには古民家再生を思い至ってからの20数年間の感慨を思い出しながら書いたため、少々長文の感謝状になってしまったので

ベンクスさんと野沢棟梁とのツーショット。お二人とも晴れ晴れした表情です

すが、皆さん神妙に聞いていただきました。

新潟からは、建築デザインを担当してくれたカール・ベンクスさんも駆けつけてくれました。

彼の音頭と甲州ワインで乾杯です。

今回の現場では少々の行き違いはあったものの、大きなトラブルも事故もなく本当に気持ちのよい作業が続きました。

ベンクスさんも、今までに30余棟の現場を経験していますが、こんなに素晴らしい現場はあまり経験が無いと言います。

天気が良いので外でバーベキューが始まりました。

あちこちで談笑が始まります。

どんな話題に花が咲いているのでしょうか？

屋内では、この1年半の工事記録をＤＶＤで見れるように準備しました。画面を見ながら、楠大工棟梁と藤原さんは何を語っているのでしょうか？

酔っぱらってダウンしてしまわないうちに全員での記念撮影です。

皆さん実に良い表情です。

この1年半の、和気藹々とした気持ちのよい現場の雰囲気そのものです。

これで工事が終わるのか、と思うと少々寂しい気がするくらいです。

今回の古民家再生工

感謝状

野沢昌夫様 & スタッフの皆様

2009年(平成21年) 12月22日の地鎮祭から始まった古民家再生「杣口の民家」が、1年5ヶ月を経て本日遂に竣工の日を迎えました。

振り返りますと、古民家再生を思い立ったのは20数年前のことです。亡き妻と二人での古民家探索行脚が始まりでした。各地に古民家、土地を探し求めて訪れた場所は数百ヶ所。山梨県牧丘にと想いを定めてからも7、8年経ちます。3年前、野沢さんの紹介がきっかけでほぼ希望を満たす当地杣口の土地に遭遇することが出来ました。その後は、ベンクスさんから移築古民家を紹介され、とんとん拍子に再生工事がはじまりました。

良い普請をするには何よりも優れた棟梁に出会うことだと言いますが、今回の再生工事はまさにその通りの有能な野沢棟梁に恵まれました、棟梁には、施主の思いつき的な希望や無理にも快く耳を傾けていただき、的確に対処していただきました。また、順調に工事が進んでいた中での木製サッシ仕様トラブルの際には、トラブルを上回る解決策を提案いただき、「災い転じて福となす」結果になりました。そして、脇棟梁楠さんをはじめとする有能な職人さん、スタッフの丹精を尽くしていただいた仕事の結果、見事に古民家が再生され、素晴らしい民家として蘇りました。

1年半になろうとする工事期間は思えばかなり長いものでしたが、この間私は実に幸せな気持ちの連続でした。優れた手仕事や一歩一歩着実に出来上がっていく造作を見学する楽しさ。和気藹々とした雰囲気の現場に身を置く心地よさ。
途中からはお邪魔であったろうと思うのですが息子もその和に加えていただき
彼が夢中に制作するのを見るのも親ばかではありますが愉快なことでした。この楽しみが終わるのかと思うと少し寂しい気がするほとです。

さて、こうして本日を迎えましたが、無事故で竣工にいたったことは何よりのことだったと思います。また、竣工の本日は、「杣口の民家」が本物の古民家再生家屋として熟成し、100年 200年後まで住まい続けられていく出発日だと思っています、関係各位には引き続きお付き合いいただき、メンテナンス等ご協力を、この場をお借りしてお願い致します。

末筆ではありますが、ここに改めて野沢棟梁&スタッフの皆様に心より感謝の意を表します。[illegible]

2011年(平成23年)4月17日 大安吉日

施主　長谷川 和男

感謝状

事のほぼ全ての工程に携わっていただいた大工棟梁の楠芳さんの表情が、ちょっと寂しげに見えるのは僕の思い過ごしでしょうか？

春の暖かい陽射しの中で宴は続きます。

かなり大量に用意した食材と飲み物でしたが、皆さんかなりの食欲で、まっこと、ほんに気持ちのよいほどに、きれいさっぱり胃の中におさまりました（笑）。

古民家再生工事 関係者全員で竣工記念撮影

月見台より欅の間を見る

元仏間部屋だったところ

土間より上がり框（あがりかまち）、式台、居間を見る

土間

玄関

2階ゲストルーム。再生前の古民家では薪をストックする屋根裏部屋だった

居間

ロフト空間

居間三景

竣工直後の再生古民家

再生古民家全景。眼下に甲府盆地を望む

171　再生古民家 竣工写真 その1

第4章

庭造り

1 ……庭の造作

２０１１年春、再生古民家は無事竣工しました。

まだいろいろとやらないといけないことはあったのですが、とりあえず家造りは一段落しました。

それから1年間、再生古民家での生活を楽しみました。

しかし、家は素晴らしいものが出来上がったのですが、家の中から見る庭がまだ未整備でどうにも落ち着きません。

それでも立て続けにやるのも慌ただしいので、庭造りの準備期間と割り切って1年間を過ごしました。

この間、庭造りとしては、竣工記念に樹高１５０センチほどの枝垂れ桜を1本だけ植樹し、５月に近くの園芸店からドウダンツツジを数本買い求め、家の東面軒下に植えました。

ただこれだけです（笑）。

そして、翌２０１２年春からいよいよ庭造りに取り組み始めました。

擁壁も半分は未整備

資材置き場だった頃の現地

さて、

もともとこの場所は資材置き場で、掘建て小屋と建築現場から出てくる廃材や大きな石などが、山のように積んでありました。

土地は富士山の噴火で堆積した火山灰、いわゆる粘土質の関東ローム層です。

水はけが悪く、雨後の状態を見るにつけ、これからどのように手を入れたら良いものか、途方にくれるような気持ちにも度々なりました。

擁壁も半分は未整備で、これもなんとかしなくてはなりません。

こんな現地を見ながら1年間、息子と二人して、どんな庭を造成するか、古民家で生活しながらいろいろイメージし、考えました。

その回答を、経過をご覧いただきながら紹介することにしましょう。

土地は粘土質の関東ローム層です

2

……庭への想い

2012年4月

さてさて、どのような庭を造るか。

何人かの人たちから本格的な日本庭園を造ってはどうか、あるいは昨今話題のイングリッシュガーデンは如何?とさまざまなアドバイスをいただきました。

話は一転、

僕は京都で生まれ育ちました。

そんなこともあり、小さい頃からいろんな寺社のいわゆる日本庭園を見て育ってきました。

どこまで理解できたかは自信はありませんが、見てきた数は相当なものだと思います。

特に高校時代、学校のグランドが嵯峨野にあったこともあり随分と神社仏閣の庭を見て回りました。

というのは、体育の時間は点呼だけして仲間と即エスケープし、周りの神社仏閣巡りしながら庭をよく見学しに行ったのです。当時は拝観料等も無く、どこの神社仏閣も、あるいは隠居寺のなんとか院なども自由に入れました。むしろ奇特な高校生が来てくれたと、茶などの持てなしもいただけたものです。今から思うといい時代でした、

なんて書くと随分年寄りじみた言い方になりますが、アノ時代にもっと自由な時間があったら!! とは思いますねぇ。

それがまぁ人生っていうものでしょうが……。

また、海外に行く機会にも恵まれて、今までにいろんな国の庭も駆け足で見てきました。

まぁ、そんなことで自分の庭を造る時はこんなのがいいかなぁーと、それなりのイメージを頭の中に自然と創り出

造成中に出てきた石がゴロゴロ

していました。

しかし、この杣口の場所を初めて見たとき、今まで見て来た庭の概念は奇麗さっぱり何処かに置き去り、この地に相応しい庭造りをせねば、と瞬間的に思ったのです。

なんといってもこの地の素晴らしい景観。

大きく広がる空。

眼下に甲府盆地が、その向こうに優雅な富士の峰が見え、そして何よりも目障りな電柱電線や看板が一切見えない、類いまれな景観。

この景観を壊すような庭は絶対造ってはいけない。

むしろ何も造らないほうがいいのではないか。造りこまないで、この景観を最大限生かす庭はどうだろうか。

いわゆる、借景の庭造りです。

それが基本コンセプトでした。


さてさて前置きが長くなりました。

夕暮れの富士山を見ながら大好きなシングルモルト タリスカーを呑み、ちょっといい気分で書いているので饒舌になりました。お許しください。

呑んだくれていても、工事は進めなくてはなりません。

建設現場から見た甲府盆地と富士の峰

3

擁壁造り

2012年4月9日

4月になり春らしくなって来ましたが、富士山にはふたたび降雪があり白く輝いています。

そんな中、庭を造る前の準備として擁壁造りから取り組みはじめました。

当初は、自分たちで石を一つひとつ積み上げて造るのもいいものだとも考えていたのですが、とても人力でできる規模ではないことを早々に悟りました。

同じ集落で土木建設会社を営んでいる松下光正さんに相談をしたところ、近くの建設現場から石が出てくる予定だから、それを使ってはどうかとのアドバイスをいただきました。そこで、擁壁造りと庭用の土の運搬搬入を松下さんにお願いすることにしました。

松下さんは、大工棟梁の経験もあるこの道60有余年の経験豊かな超ベテラン。

大型のユンボ2台が運び込まれ作業開始です。

造成で出てきた庭の石で使えそうな石を選別し、足りない石は新しく運び込まれてきます。大きな石を積み上げ、間にセメントを丁寧に埋め込みながら作業が進みます。そして2週間ほどで大きな擁壁が出来上がりました。さすがプロの仕事です。

この擁壁のおかげで使える土地の広さがおおよそ30坪ほど広がりました。

さて次は土の運び込みです。

松下光正さん

大型ユンボが運び込まれ作業開始

石を積み上げ、間にセメントを埋め込む

これだけの大きな擁壁が２週間ほどで出来上がった

土と砂の搬入

2012年4月21日 晴れ

擁壁の石組みが完成し、今度はいよいよ庭の造成です。ダンプカーが何度も往復し、自然石を砕いた土と花崗岩で出来た「山砂（まさ土）」が運び込まれます。

敷地の半分のスペースに自然石土を敷き詰めます。

芝生を張る予定のスペースには、大きな石を除去し、地ならしをしたうえで山砂を20～30センチの厚みで敷き詰めます。

山砂は芝生を張るのに適した土です。おおよその造成は出来上がりました。しかしまだ完成ではありません。

ここからさらに、芝生養生予定地の表面をきれいに整地します。

加えて水はけが適切になされるように緩やかな斜面も造らねばなりません。まだまだ庭地の仕上げ作業が続きます。

半分の土地に自然石土を敷き詰める

芝生予定地にまさ土を20〜30cmの厚みで敷き詰めた

庭造成の土台作りが完了

5

植木競り市

2012年4月30日 快晴

家の南前面は芝生を張り、擁壁からの落下防止も兼ねて敷地の周りを低木で囲む、というのが我々の庭造りの基本方針でした。

その低木に、どのような木を植えるか。いろいろ検討した結果、四季折々花と緑が楽しめる樹々ということで、山茶花、サツキ、ツゲの3種の木を植えることにしました。

ところで、これらの樹々を植える予定の土地のスペースを計算すると、樹々は少なく見積もっても300本近く必要であることがわかりました。この本数を、街の園芸店で調達するのはなかなかに大変です。

そこで、庭造りにも造詣の深い野沢棟梁に相談すると、知り合いの園芸師がいるので、彼に植木競り市で纏めて調達してもらってはどうか、とのアドバイスをもらいました。園芸師に早速連絡を取ると、近々に競り市が立つからやってみようとのこと。

植木競り市のことを聞くと、河口湖近くの後藤植木センターで毎週木曜日に開かれるとのことで、関東周辺、遠くは関西や九州の造園業者やホームセンターの担当者が集まって競り落とし、持ち帰るといいいます。

好奇心一杯の僕は、野次馬根性がムクムクと沸き起こり、同行してもいいかと聞くと、快くOKが出ました。

春爛漫の4月30日、隠れ屋から車で1時間ほどの富士河口湖町に向かいます。

河口湖近くの雑木林に囲まれた広場に、目的の後藤植木センターはありました。

広場には、すでにさまざまな樹々や花が所狭しと並んでいます。集まっている業者の人たちは、おおよそ200人ほど。皆、思い思いに下見をしているようです。

午前10時、2カ所で同時に競りが始まります。競りはかなりのスピードです。

この日、依頼した園芸師は、ツゲ30本とサツキ50本を競り落としてくれました。

ちなみに落札価格は、ツゲが1本200円、サツキは250円。街中のホームセンターの2分の1～3分の1の値段でした。

競りの前に下見して、
お目当のモノを物色しておく

6 ……

80本を植える

翌日、早速、サツキ50本とツゲ30本を敷地南面の石垣沿いに、息子と一緒に植えこみます。

今回の80本では予定の20％ほどのスペースしか植えることができません。ただ、古民家が位置する土地の標高が高い(680メートル)ので、ツゲもサツキも定着は難しいかもしれないと園芸師から言われたので、しばらく様子を見てうまく定着したら、買い足して拡げていくことにしました。

ともあれ何事もチャレンジです。

それにしても、80本もの木を植えるのは一仕事で、かなりの労働でした。

植栽する前の準備が結構大変だ

もっとも、ほとんどは息子がやってくれて、僕は助手役程度でたいした力にはならないのですが……それでも疲れた……(苦笑)。

軽トラで持ち帰る

サツキはなんとか定植した。しかし花が咲いたのは5月(皐月)ならぬ6月(水無月)に入ってから

7

金環日食

2012年5月21日　晴れ　金環日食

土木工事的な庭の造作が完了しました。

石がゴロゴロ転がり、雨が降るとあちこちにぬかるみができて難儀していた空間が見違えるようにきれいになりました。

後は我々が肉体労働×手作業で少しずつ進めていきます。

この日は金環日食。

がんばれよ！と富士と共に激励してくれているようです。

工事前の現地

5月21日午前7時33分頃

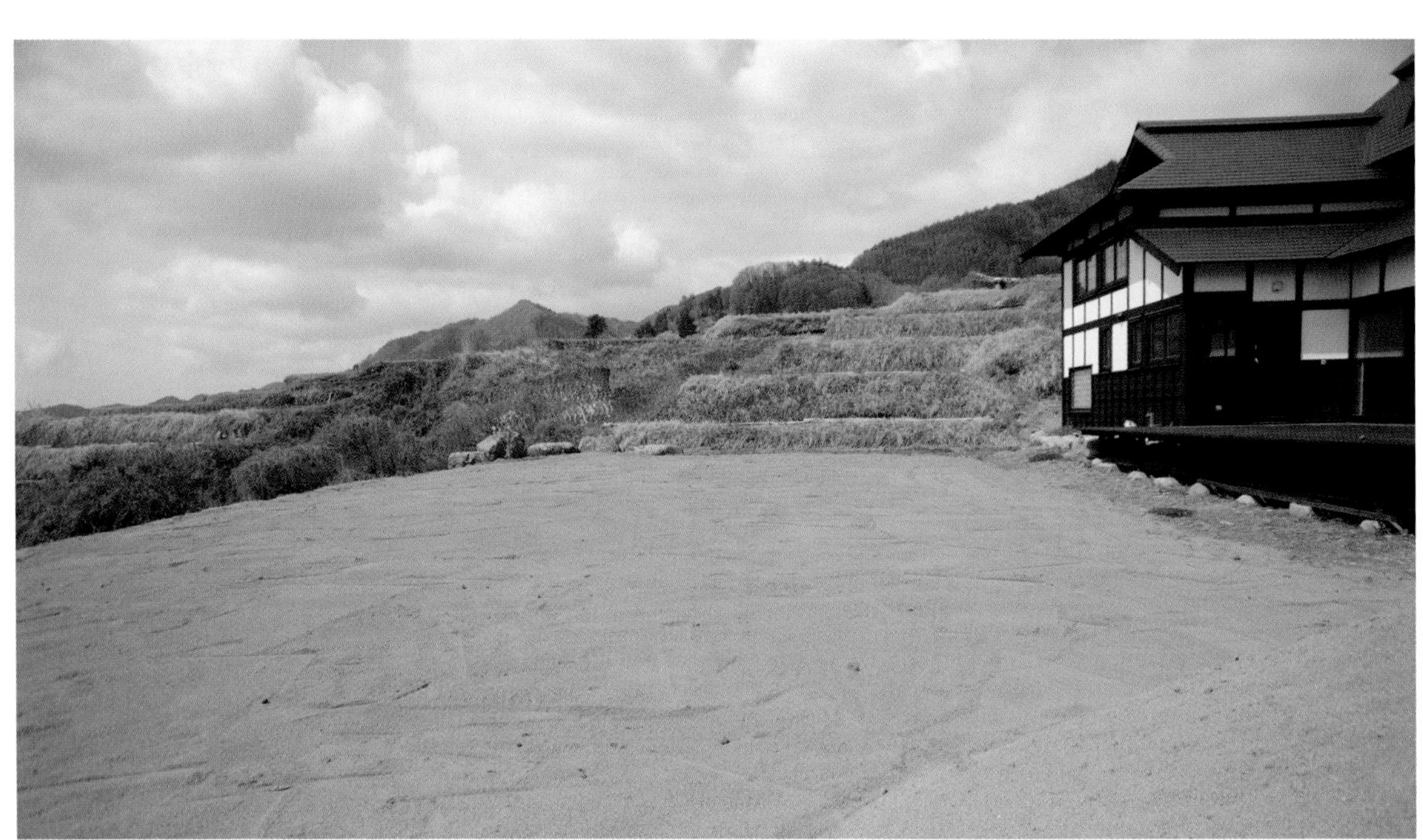

造作完了

枕木

２０１２年５月　晴れ

庭から玄関へのアプローチに古材の枕木を使おうと思い、探し始めました。

すぐに見つかると思ったのですが、これが意外とそうでもないのです。例えば、御殿場の材木屋によい枕木があるとの情報が入ったので、見に行きました。確かに状態は良く、見た目には優良品でした。

ところが、確認すると日本の鉄道で使われていた枕木で、防水のために大量のコールタールを浸み込ませてあります。

ご存知のように、コールタールは発ガン性物質です。たとえ野外で使用するとはいえ、これは使いたくありません。

いろいろ調べた結果、オーストラリアのユーカリの木で作られた枕木が良いことがわかりました。

ユーカリの木はもともと水に強い木で、オーストラリアではコールタール等で防水加工することなく使用しているのです。

そうとわかってオーストラリアの枕木を探したのですが、最近はオーストラリアでもあまり枕木を使わなくなったきたらしく、状態の良い古材がなかなか見つかりません。山梨県下でも扱っている材木屋がありましたが、見に行くとかなりくたびれた古材です。古材の鄙びた雰囲気は悪くはないのですが……。

インターネットでもいろいろ探した結果、ようやく浜松の業者が良質のユーカリの古材枕木をかなりの量持っていることがわかり、そこから分けていただくことにしました。

浜松からユーカリの木の枕木が到着した

さぁ、これをどのようにデザインして使うか？ しばらくは楽しんで考えることにしよう

日本の鉄道で使われていた枕木。防水のために大量のコールタールを浸み込ませてある

9

芝生と鳥取方式

2012年6月

庭の土木的な造成が終わりいよいよ庭造りです。前にも書いたように、この場所の最大の魅力である眺望を最大限生かすために、母屋の前面には大きな木は植えず、芝生と低木を中心に庭造りをすることにしました。

ただ、植木屋さんや周辺の人たちからは、芝生養生は費用も管理も大変だから止めた方がよい、と言われてきました。

ご近所の方で、実際に自分の庭に芝生を張ったところなかなか定着せず、ようやく定着したかと思うと今度は雑草取りで一苦労。結局枯らしてしまってもうこりごり、という人もいました。

専門家や体験者からそう言われると躊躇します。

しかし、だからといってそう簡単にあきらめることもできません。

いろいろ調べたところ「鳥取方式」という芝生の張り方があり、この方式ならなんとかやれるのではないか、ダメもとでチャレンジする価値があるんじゃないかということになりました。

「鳥取方式」というのは、ニュージーランドから来日したニール・スミスさんが提唱し、子供たちが野外で思い切り遊べるように保育園や小学校の校庭を芝生にしようという鳥取県での取り組みから生まれた手法です。

この方式を推奨しているNPOグリーンスポーツ鳥取に連絡を取ったところ、ニール・スミスさん自らが対応してくれ、丁寧な指導をしていただけることになりました。

鳥取方式について簡単に記しておきます。

日本で芝生というとゴルフ場のあの綺麗に整備されたグリーンのように、高価で維持管理に高いコストと労力がかかる特別なものというイメージがありますが、ニール・スミスさんは、海外ではそもそも芝生という概念がなく雑草も芝生も「Grass」と呼んでいて、特別なものではないと言います。

この「Grass」という一言が、僕には目から鱗でした。そうか、グラースか！

そして具体的には、

①雑草も一緒に刈り込むので、雑草を抜く必要がない。
②面積に応じて最適な芝生を低予算で作ることができる。
③芝刈りと施肥のみで、除草剤や農薬を一切使用しない。環境と利用者に優しい芝生化が可能。
④短期間（3～4ヶ月）で芝生化が可能で年間維持管理費も安い。

などの特徴があります。

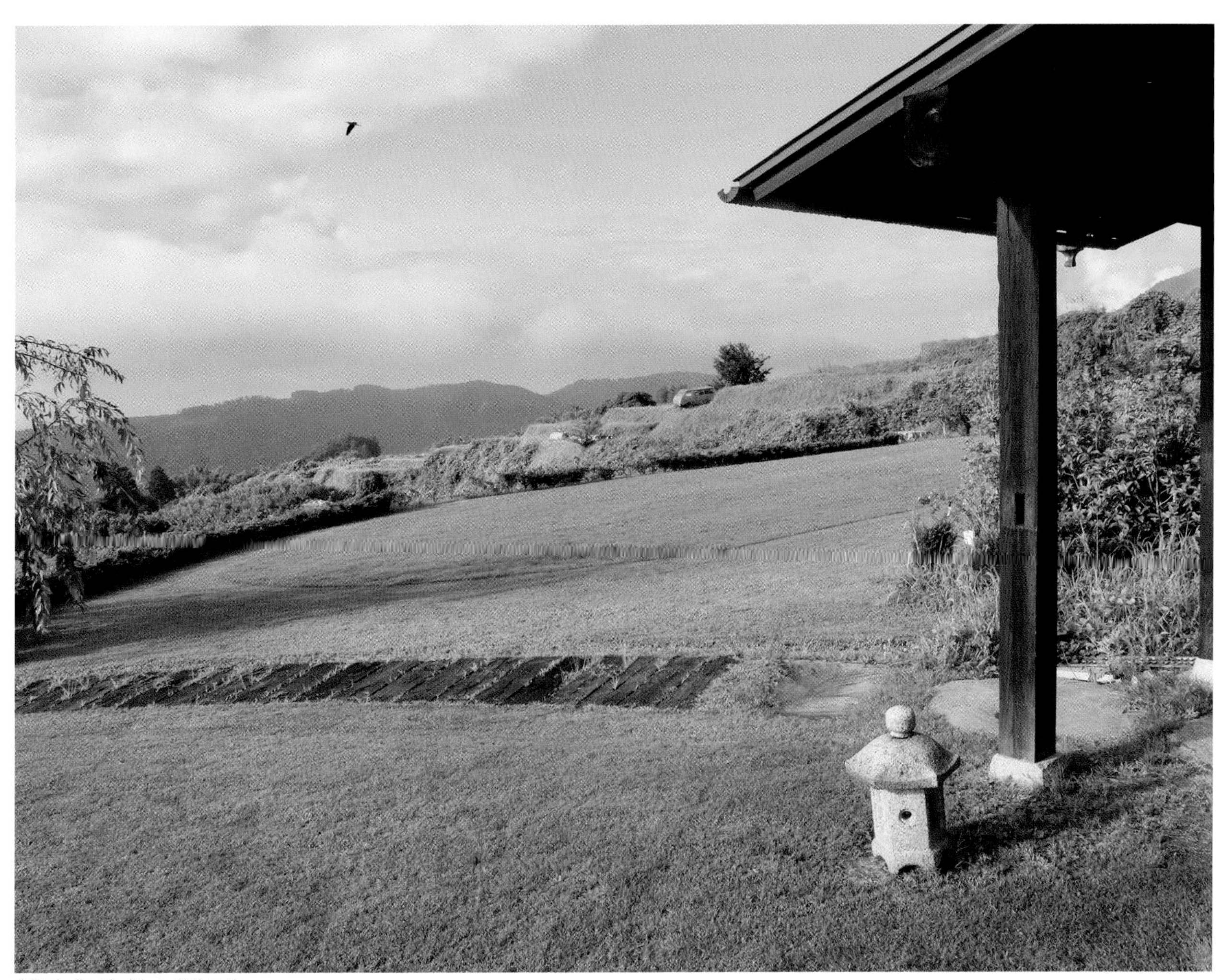

鳥取方式で完成した芝生の庭

10 ……芝生養生スタート

2012年6月

芝生養生に最適な季節は、梅雨時とのこと。梅雨の季節に合わせて作業を開始しました。

まず、芝生養生予定の土地をならします。

次に芝生を敷き詰める場所の水はけが良くなるように適度な斜度を機器で測定し、基準に合わせて盛り土の調整をします。この作業が結構大変なのです。

しかし、芝生を張り終わってからの調整はさらに大変ということなので、野沢棟梁のところから高低差を測るオートレベルをお借りし、息子と二人で時間をかけて慎重に作業を進めます。

一方、NPOグリーンスポーツ鳥取推奨の芝生の苗を、インターネットで購入しました。

ティフトン(別名バミューダーグラス)という西洋芝の一種です。

これを独特の方法で張っていきます。

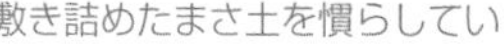

敷き詰めたまさ土を慣らしていく

土ならし完了

オートレベルを使い厳密に斜度を確認する

ティフトン芝をインターネットで購入

一番高い位置を起点に斜度を測定する

11

……テフィトン芝

2012年6月5日

購入したティフトン芝のポット苗は1つが7～8センチほどの大きさです。プラスチックのケースの中に25個の苗が入っています。

これを40ケース、合計1000個のポット苗を購入しました。1ケースの値段が、1600円、ポット1つ40円です。

この苗を50センチ四方に1つの割合で植栽します。

まず、芝生予定地に50センチ格子の線を引きます。線が交差したポイントに苗を丁寧に埋め込んでいきます。

芝生養生計画地の広さはおおよそ350平方メートル、それなりの広さで結構大変な作業ではありあます。しかし、この一面に芝生が生えそろった姿を思い浮かべると苦労も楽しみに変わります。自然と豊かな気持ちになってきます。

芝生予定地に50cm格子の線を引く

1000個のポット苗を購入

線が交差したポイントに苗を埋め込む

それに、納期があるわけでもなし、あせってやる必要もありません。息子と二人でのんびりしたペースで作業を進めます。

初日の今日は、とりあえず庭の5分の1ほどの広さにポット苗を植えました。

芝生養生計画地の広さは約350平方メートル、結構大変な作業だ

12

……ポット苗の成長過程

2012年6月

6月5日に植え始めたティフトン芝のポット苗の成長過程を、写真で追ってみたいと思います。

❶ 6月24日
ポット苗植後　3週間目
一番最初に植栽した苗の3週間後。ポット苗の変化があまりありません。
大丈夫かな？
ちょっと心配です。

❷ 6月25日
梅雨の中、ようやく予定地全面に1000個のポット苗の植栽が終了しました。

❸ 6月27日　ポット苗植後　4週間目
一番最初に植栽した苗は少し横に広がり始めた気がします。ひいき目かな？

❹ 7月7日　ポット苗植後　5週間目
部分的に広がり始めたことがはっきりと分かります。完成の姿を思い浮かべワクワクします。

❺ 7月20日　ポット苗植後　6週間目
梅雨明けです。陽射しが強くなってきました。
成長が目に見えて早くなってきました！
どうやら芝張りは成功しつつあるようです。

巨峰葡萄も粒が大分大きくなってきました。
古民家周辺は美味しい巨峰が収穫できる一大産地です。

梅雨に入り、隣の田んぼの苗も成長し始めています。

⓫8月9日　ポット苗植後　9週間目
随分と生え揃ってきました。
完成まであと一歩です。

❽芝刈り機は、庭の広さに合った最適のマシンをニール・スミスさんが推薦してくれました。まことに丁寧な指導と気配りのある方で、感謝感謝です。

❻ 7月23日　ポット苗植後　7週間目

⓬ 8月15日　ポット苗植後
10週間目
朝夕の水やりが大事な日課です。
スプリンクラーの出番です。

❾ 7月29日　ポット苗植後　8週間目
いい感じになってきました。

❼ 7月25日
初めての芝刈りです。5cmの高さに設定して刈ります。

⓭ 8月22日　ポット苗植後　11週間目 芝の庭、ほぼ完成です。

❿ 8月3日　玄関周りと南面側も徐々に成長してきました。

友人達が視察にきました。

4月中旬から庭の造成に取り組み始めてから4ヶ月。ポット苗を植えてから11週間、延べ78日間でここまで成長しました。

プロの手を借りず自分たちだけで造った庭、感慨ひとしおです。

もっとも実際の作業の大半をやってくれたのは息子の創で、僕はといえば彼の指示で1～2割程度の手伝い仕事をしただけなのですが……(苦笑)。

芝芽の密度はまだ不十分だが、予定の範囲には広がった

このテフィトン芝は高麗芝と違い芽が柔らかで、裸足で歩くとしっとりした感触で実に気持ちがいいのです。サッカー場の芝はほとんどがこの種の芝生を使用しているとのことですが、こんな感触の芝だったら怪我の心配も無く、安心してスライディングタックルができるだろうなと思います。

ともあれ、予想以上の出来映えです。

芝張りがようやく一段落し、次に芝生の周辺や、敷地入り口から玄関に至るアプローチ沿いの植栽などを息子と検討を進めます。

しかし、僕も息子も園芸の基礎知識がないため、植木の本を購入して読んだり、近くの園芸店に行きどんな木がふさわしいかと店の人にいろいろ質問をしながら、物色を続けます。

また、我々の古民家再生と庭造りを見た何軒かの植木屋さんからの売り込みもありました。

ただ、木は焦って植えてしまうと後々大変だというので、のんびり構えて進めることにしました。

駐車場から玄関へのアプローチ側面も生え揃ってきた

養生3年目を迎えた芝生

13

試行錯誤

2012年9月

岐阜在住の学生時代からの友人丹羽公雄君の庭からもらってきたヤマブキを1本植えました。

自然科学系の丹羽君は植物の造詣が深く、彼の自宅庭にはこのヤマブキをはじめとして百種類以上の植物が植えられていて、僕はたまに訪れては教えを請います。

さて、ヤマブキは通常黄色い花が咲きますが、このヤマブキは白い花が咲きます。それが珍しくて、彼の庭から小さい木を1本掘り返し、持ち帰ってきたのです。

近くの園芸店からは、ドウダンツツジ、ボケ、南天、万両などを買い求め植え込みました。

さて、うまく定着してくれるか。少し心配ですが楽しみです。

白い花が咲くシロヤマブキ

一方、春に植木競り市から買い求め植え付けた金芽ツゲが、10本ほど枯れ始めました。やはり標高が高いことが原因か？　それとも土が合わないのか？　肥料の問題か？　試行錯誤の始まりです。

建物の南側にドウダンツツジを植える

ボケを庭隅に植える

14

玄関アプローチに枕木

2012年9月20日

5月に入手していた枕木ですが、敷地入り口から玄関に至る枕木の道がようやく完成しました。だんだんと庭らしくなってきました。

ところで、余談ですが、母屋の隣では、息子がスタジオをほぼ完成させました。

彼は古民家再生の造作の進行を見ながら家の建て方を学んだようで、建て坪15坪（53平方メートル）ほどの大きさのスタジオを、ほぼ一人で自力で建ててしまったのです。

鉄など金属を扱うスタジオですから、クレーンの役割をする鉄骨の骨組みが内部に組み込まれ、内部は一部2階建てになっており事務所にも使えそうな空間があり、トイレ・シャワーも完備、屋根には太陽熱温水器が取り付けられた本格的な建物です。

金属でさまざまな造形物を作る鍛金作家ですから、モノ作りはお手の物とはいえ、身内を褒めるようで恐縮ですが見事なものです。

人工棟梁の楠さんも、この建物を見て「プロ以上の出来栄え！」と感心至極。

15

四方仏

2012年9月

近所で手広く造園業を営む方から、庭木の売り込みがありました。

我々は、隠れ屋から見る景観を大事にしていきたいので、庭木はあまり植えない方針なのだ、と説明するのですが、良い植木がたくさんあるから、見るだけでいいから一度来ないかと何度も熱心に誘われます。

軽トラで持ち帰る

やむなく「見るだけですよ」と事前に断りながら、これもいい勉強の機会になるだろうと思い、案内してもらうことにしました。

造園の植木をストックする土地は、僕の隠れ屋後方の山裾に何箇所かあり、確かに素人目に見ても立派な植木や巨大な庭石がたくさん置いてありました。

この造園屋さんは、竹下元首相の箱根の別荘の造園も手がけたことがあるそうで、バブルの頃の景気の良い話を懐かしそうに思い出しながら話をします。そして、その頃は1本百万円単位で売れた植木や庭石も、今では値段もつかないと嘆きます。

造園屋さんは、立派で大きな木を、植え替えの手間賃だけでいいから持っていかないかと、これまた何度も熱心に進めます。参考までに手間賃を聞くと、1本数万円から数

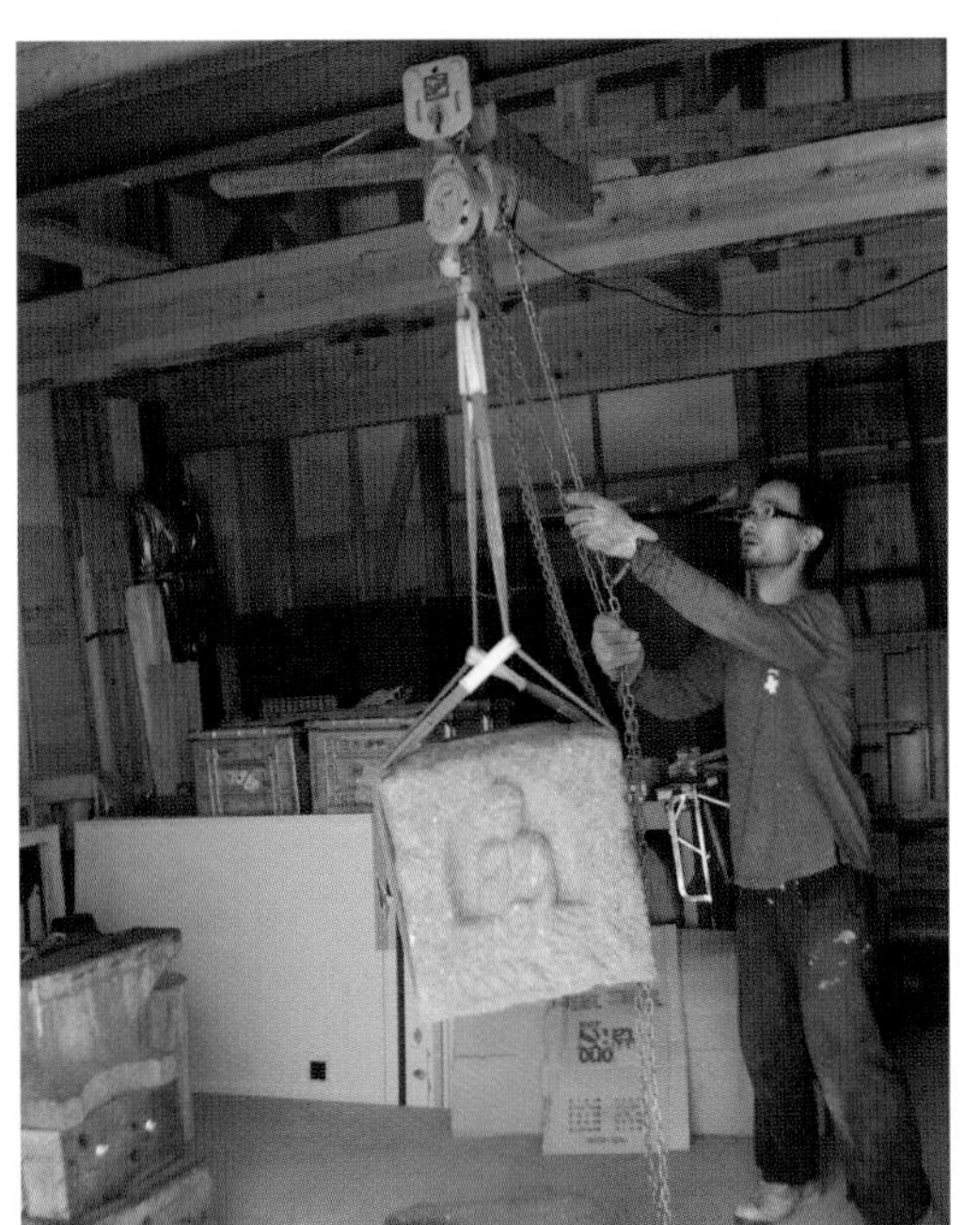

スタジオのクレーンで吊り上げる

十万円するとのこと。

いやいや、やはり我が家には無理だ。

案内いただいたお礼を言って帰ろうとすると、足元に「四方仏」が置いてある。いや、置いてあるというよりも、放置してあるという風情。

この四方仏なら関心がある。

これは売り物?と聞くと、造園屋さんは、そんなものはどうでもいいよ、という感じで、欲しいなら持っていけ!という反応。

値段を聞くと、ちょっと考えて5万円と言うから、僕は3万円では?と返すと、またちょいと考えて、自分で運んで持って行くなら3万円でいいわ、と話がついた。

さらにもう1つ、これまた転がっていた小さな灯籠も5千円でわけていただくことにしました。

隠れ屋にとって返し、息子に運ぶのを手伝ってくれるよう頼みます。

この四方仏、小さく見えますが、これでもかなりの重さがあります。

50センチ四方として50×50×50×2・2(石の比重)=約275キロです。簡単ではありません。

息子の愛車軽トラで運ぶのですが、さすがに日頃鉄を扱っている鍛金作家、ミニクレーンで器用にかつ段取りよく積みこみ、隠れ屋に持ち帰り、しかるべき場所に鎮座いただきました。

造園屋の庭木の中に埋もれていた四方仏

然るべき場所を準備し、鎮座いただいた

16

庭師

四方仏で思い出したことがあります。

芝生と小低木だけのシンプルな我が庭に、アクセントとしていくつかの庭石が配置してあります。

これらの石は、古民家再生の工事中に、敷地から出てきた石の中から、見栄えのする石を残しておいたものです。

その石の選定と配置は、石に造詣があり庭造りも得意だからというので、擁壁造成工事をしてもらった松下建設の松下さんにお願いしたものです。

当初、松下さんからは、芝生の庭の真ん中に目立つように配置してはどうかとの提案をいただいたのですが、それはご遠慮していただき、南西の角に配置してもらいました。

あまり目立たないのですが、かえって落ち着いた風情で僕も息子も気に入っていました。

枝垂れ桜を誘引する支柱を継ぎ足す丹羽庭師

ところである日、岐阜在住の友人の丹羽公男君が、従兄弟を連れて我が家に遊びにきました。

その従兄弟も同姓で丹羽浩光さんというのですが、彼は庭師で(なんか、ややこしい⁉:)、我が家の庭造りの視察とアドバイスを兼ねて遊びに来たのです。

丹羽浩光さんは、岐阜県下の夢窓国師が作った寺庭などを維持管理しているプロの庭師です。

その丹羽庭師に、我が庭石の配置はどうか！と、内心自慢げに問うと、そのプロは、しばらく静かに石を見つめた後、おもむろに、かつ単刀直入に一言、「これはダメですね！」というではないか！

「ムム！、何故だ?」とちょっとムッとして聞き返すと、プロ庭師は「石には表と裏があります。ここの石の配置はそのことを全く無視して配置しています」とのたまわくではないか。

そうなのか、石にも表裏があるのか！

しかし、僕は、プロ庭師のご高説を聴きながらも、我が庭石の配置は悪くない。専門家の意見は意見として拝聴しつつも、「今のままでいい、今のままがいい」と心の中で思うのでありました(苦笑)。

17

源平桃と芝桜

2013年3月24日

山梨に来はじめて5年、春の桃源郷の様子を見続けてきました。

その光景のあまりの素晴らしさに、俄然、桃の花が大好きになってきました。

そんなこともあり、我が隠れ屋の庭にも桃の花を楽しめる木が欲しいと思っていました。

どんな桃の花がいいか、近辺の家の庭先に咲く桃の花をアレコレ見て、1本だけ選ぶならこれだなと思い定めたのが、源平桃です。

源平桃というのは枝垂れ形で、1本の木に紅白の花が咲くのですが、その紅白を源氏と平家に見立てての命名のようです。

いそいそと買い求め、土間の窓から見えるように植えてみました。

合わせて、ピンクと紫色の芝桜も数ポット購入し、四方仏の周りに植えてみました。

18

猫の額

田舎の隠れ屋の庭といえば、何をさておいても有機栽培などで自家野菜を作って地産地消の真似事をしてみたい、と誰しも思うものです。実は僕もそうでした。

そんなことで小さな農園を夢想して、息子に、母屋の西側に石で囲った5坪程のスペースを作ってもらった。まさにその名の通りの猫の額ほどの小さな畑です。

ここで、好物の生姜、ニンニク、パセリ、クレソン、ルッコラ、ネギなどほんの数種類の作物を作りたいと、ホームセンターで鍬、万能などを買ってきて、土の耕しから始めました。

しかし、土は固く、石はゴロゴロ。わずか5坪程度とはいえ自力で耕すのは簡単ではありません。恥ずかしながら、年来の腰痛持ちを理由に早々にギブアップし、休耕田に！

息子から、「周りの農家の人たちが笑っているよ」と冷やかされてしまった。

さもありなん。トホホ……。

しかし、僕は快楽主義者へドニストだ、辛い仕事はやりたくない。

辛い？仕事は宮使えの頃に十二分にやってきた。今や楽しいことだけやっていたい、と自己弁護しつつ開き直ります。

ところで、この猫の額畑は今は刈った芝生や雑草の捨て場に成り果てています。

富士山を借景にした最高の畑だったが…

19

植木競り市にチャレンジ

２０１３年4月18日

昨年4月に、初めて訪れた富士河口湖町の植木競り市ですが、年会費を払えば誰でも参加できるというので、今度は息子と二人で庭木の仕入れに後藤植木センターに行ってみました。

現地にいくと、今回もものすごい種類と数の植木が集結しています。

まず、事務所で会費を払い、せりのやり方や符丁を教えてもらいます。それから下見です。

自分が欲しい植木がどの辺りにあるか、本数は何本単位か等確認します。

午前10時、いよいよ競りがスタートします。

「競り師」って言うんでしょうか、仕切る人間が2人出て来て、2カ所で同時に競りが開始されます。

僕の今回のお目当ては、サツキ、山茶花、金芽ツゲ、イロハモミジ、桜、ハナミズキ、芝桜などです。

業者＝競争相手はおおよそ１００人。

はじめは様子見で落札のやり方を観察します。

30分位後、お目当てのサツキが競りにかかります。

３００円からスタート。これは1本の値段。１００本まとまっていれば3万円ということになります。３５０、４００と次々と声がかかります。

僕は上限を５００円と考えていたので、思いきって「５００」と初めて声をかけます。

しばらく沈黙の時間があったので落ちたか！と思いきや他の業者から「５５０」と声をかけられ、さらわれてしまいました。

まぁ、こんな具合でかなりのスピードで次々と競りは続きます。

結局この日、僕が落札できたのは山茶花50本（＠７００円）のみ。

それでも初めて落札できた瞬間はちょいとした興奮状態で、軽いエクスタシーを感じたことを告白せねばなりません（笑）。

そして、息子の愛車軽トラに積み込んで、いそいそと帰宅します。

競りが始まる

初めて自分で競り落とした山茶花50本

競りは同時に２箇所で進んでいく

20 ……その後の植木競り市と植栽

初めて植木市で競り落とした快感が忘れられず、その後息子と二人で何回かにわたって競り市に出向き、必要な樹々を仕入れに行きました。

そうして何度も通ううちに、競りのタイミングや価格の付け方などのやり方にも慣れていき、植木競り市に来るのが楽しくなっていきました。

もっとも、持ち帰った大量の木の植え付けの重労働？が待っていることを思うと、正直言って憂鬱な気分になったこともありましたが……。

その後、競り落とした樹々や植樹した木々は以下の通りです。

◉2013年

3月↓実山椒と葉山椒の2本を植える。山椒が好物で、我が家の庭で木の芽や実を収穫して食するのが夢でした。

5月↓ウツギ2本、紫陽花5本

6月↓キンメツゲ30本、サツキ100本、沈丁花2本、イロハモミジとワイン古樽。市にはこんなものもたまに並んでいるのです。このワイン樽でテーブルを作ろうと思い競り落としました。

10月↓キンメツゲ20本、キンモクセイ5本。横浜日吉の自宅近隣のお宅より、紫蘭、ジャスミン、オステオスペルマム、トクサ、雪柳をいただき、杣口へ運び翌日植栽。果たして定着してくれるかどうか。

◉2014年

3月↓蝋梅、ライラックなど植樹

◉2015年

4月↓南高梅植樹

◉2016年

4月↓オダマキ植える

植樹した木々は大半は順調に育っていきましたが、一部、途中虫がついたり、気候が合わなかったりして枯れたものも出ました。

枝垂れ桜、ボケ、源平桃、南高梅、山椒、雪柳、シロヤマブキ、ウツギ、蝋梅、金木犀、沈丁花、紫陽花、ライラック、南天、万両、紫欄、トクサは順調に育っています。芝生も良好な生育状態です。

南高梅

ライラックの花芽

シロヤマブキ

キンメツゲ

一方、山茶花、キンメツゲは植えた当初、半分が枯れてしまいしました。サツキも植えた翌年、一部の木にチャドクガが発生し枯れ始めました。

山茶花、キンメツゲは買い足し、培養土を多く入れ植え直したところ、その後は問題なく成長しています。

庭の養生は、芝生での除草剤の不使用と同じく、できる限り殺虫剤など農薬を使わず自然にまかせることを基本方針にしていました。しかしいざ虫が発生すると迷います。

そこでサツキは実験的に、全体的には消毒せず一部分のみの消毒にとどめ、あとは剪定や葉の切除だけで対応し自然に任せることとしました。その結果、数年後からはチャドクガはつかなくなりました。木の持つ自己免疫力が勝ったのではないかと思っています。

また、標高が高いため花は咲かないだろうと園芸師から言われていたサツキでしたが、嬉しいことに植栽数年後からタップリと花芽を付けだし、開花するようになりました。もっとも、標高が高いため咲くのは6月に入ってからで、皐月(5月)ならぬ6月(水無月)ですが……(苦笑)。

生命力の強い花もあれば、可憐で弱い花もあります。ジャスミン、オステオスペルマムは残念ながら全滅しました。やはり冬の寒さが最大の原因のようでした。ジャスミンは大好きな花だったので、なんとか定着してくれることを願っていたのですが、残念でした

サツキ

ドウダンツツジ

ボケ

紫蘭

枝垂れ桜

ウツギ

源平桃

21 ……山椒と南高梅

この地で庭を作る前から、もし自前の庭が持てたら自分の手で育てて賞味してみたいと思っていたいくつかの食材・好物がありました。

その一つが山椒で、いま一つが梅干しでした。

そんなことで、2013年春、庭の一角に実山椒と葉山椒の2本の苗木を植えました。しかし、まもなく1本の苗木が枯れてしまい、残った1本は順調に育ったものの実はつきませんでした。てっきり実山椒が枯れたものと思い、山椒の実は断念せざるを得ないと諦めていました。

ところが、です。

残った葉山椒と思っていた木に、4年後、小さな実がなっているのを発見したのです。これは実に嬉しかった。

そしてその後は、毎年5月末から6月初旬にかけて多くの実山椒が育ってくるようになりました。

収穫した実に醤油を加え、弱火でゆっくり時間をかけて煮込み、佃煮を作ります。またこの山椒の醤油煮にチリメンジャコを和えてちりめん山椒を作ります。これらは、お酒のアテに絶品！の肴になります。ご飯にパラパラとかけて食べるお茶漬も最高です。

昨今はいちどきに食べられないほどの大収穫なので、知人におすそ分けしたり、湯引きしたうえで冷凍保存し、年中山椒三昧を楽しんでいます。

木の芽と小さな実が

収穫間近の山椒の実

大収穫の木の芽(上)と山椒の実(右)

自家製ちりめん山椒

続いて２０１５年春、１メートルほどの高さの南高梅の苗木を、一本植えました。山椒と同じく梅干しが大好物で、自前の庭で収穫した梅で梅干しを作るのが夢でした。そのために、10年ほど前から知人宅で梅干し作りの修行？もしてきました。

さて、実が収穫できるのは、かなり先だろうと思っていたところ、今度はなんと2年後に早々と実がなりました。ただ、その数はわずか47個。しかし、ほんの少しとはいえ、我が四十七士！です(苦笑)。大感激の収穫でした。早速梅干しにして、愛おしみながら一粒一粒、大事に大事に食しました。

植えて4年目の南高梅

さて、その南高梅ですが、次の年は木も順調に大きく育ってきたので、２〜３００個は収穫出来るかと期待していましたが、とんでもはっぷんの皮算用！ 前年を下回り43個の収穫しかできませんでした。トホホ……農業は難しい(!?)。

そして4年目、今度は約２００個、４キロの収穫になりました。山椒と違い、まだ知人におすそ分けをするほどの収穫には至っていませんが、それでも先がますます楽しみです。

初収穫の我が四十七士！

22

庭造りのこれから

当初計画した庭造りは一応出来上がりました。

しかし、まだ完成ではありません。

庭木達の成長に伴ってこれからもいろいろな変化があり成熟していくことでしょう。


また、庭造りの一環として、是非とも継続して着手したいいくつかの計画もあります。

それはまず、導入路の入り口に門を作ること、そしてギャラリーと工房の案内看板も作らねばなりません。

敷地の中ほどの見晴らしの良い場所に、休憩所になるような東屋（あずまや）を作る計画もあります。前庭と母屋の仕切りに垣根と門扉も作りたいと思っています。

東屋を作る予定の場所には、息子の創がすでに礎石を準備してくれています。

夏の日差しを避ける役目と車庫を兼ねた葡萄棚も、是非とも作りたいと念願しています。

そして一方で、目障りな電柱電線や醜い看板などが設置されぬよう、美しい景観が壊されぬよう、見守っていくことも欠かせません。


普請道楽は続きます。

楽しみは続きます。

第5章

古民家は成長する

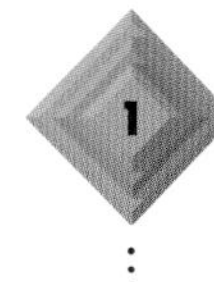

木と金属のフレーム

2011年4月に竣工した我が隠れ屋ですが、全てが完成したわけではありませんでした。その後も少しずつ造作を続けていきました。

これは、当初からの計画で、一気に焦って全て造り込むことはしないでおこう、住みながら必要に感じたものを少しずつ手を入れていこうというのが基本方針でした。また、納得できる部材がない時は、中途半端なところで妥協せず、自作するか良いものが見つかるまで施工しないことにしていました。

それは、予算のこともありましたし、「急ぎ働き」をせず気長に普請道楽を楽しみたいとの思いでもありました。

その一例が、電源コンセントのフレームです。市販のプラスチック枠を使うのがどうしても嫌で、コンセントの金具が剥き出し状態のままで5年間過ごしていました。

この間、隠れ屋に来客された皆さんの中には、「こういう見せ方が今風でモダンなんだと思った」なんていう笑い話になったこともありました。

さて、そのフレームですが、勝沼の朝市で自作の木製フレームを売っているクラフトマンを発見したことで解決しました。このクラフトマンは、地元で大工をしている逸見高さんという方で、趣味で作っているとのことです。早速、欅材で作っていただき、古色塗りし、壁に装着しました。古民家に相応しい風情です。

一方、ギャラリースペースに予定している土間のコンセントには、これまた鍛金作家である息子が、金属でオリジナル枠を作ってくれました。

こうして一歩一歩、完成に近づいていきます！

木のフレームが見つかるまでは、スイッチはこの状態で使っていた

逸見さんが、クラシックなバイクに乗って、注文していた欅材の木製フレームを届けてくれました

真鍮で作ったオリジナルフレーム

欅のフレームに古色塗りをする

2 ……樹木希林と菓子木型

「現在まで、それなりに生きてきたように、それなりに死んでいくんだなって感じでしょうか」「それでは、おいとまさせていただきます」

こんな言葉を残して逝った樹木希林さん（２０１８年）。なぜか、いつもその存在が気になる女優さんでした。

そんな希林さんが、何かのインタビューで、「私はモノには執着しないの…」と言っていたような記憶があるのですが、その後たまたま彼女の自宅を訪問するＴＶ番組を見たことがあります。その番組ではこの言葉に反して、随分とコダワリのある家だったのが印象に残っています。殊に、家の室礼にはコダワリがあったようで、あちこちにキラッと光る良質なセンスを見ることができました。

ところで、我が古民家隠れ屋の電源コンセントの件で、プラスチック製の既製品を取り付けるのが嫌でオリジナルの木枠や金属枠を取り付けたことを前述しましたが、添付の写真のように、ちょっとした遊び心で、古民具の菓子作り木型を取り付け、スイッチを隠している箇所があります。

実は、この菓子木型活用のアイデア、先のＴＶ番組で紹介された樹木邸で希林さんもやっておられるのを見て、「お主もやるのぅ！」と、一人ほくそ笑んだことを思い出しました。

亀を彫り込んだ菓子木型。昔はこれで祝儀用の砂糖菓子などが作られていた

扇型の菓子木型。
目障りなモノは、できる限り美しく隠したい

ベンクス夫妻来宅

竣工後、ベンクスさんが奥さんのクリスティーナさんを伴って再生古民家に見えました。

ベンクスさんは視察や打ち合わせで何度も現地に見えていますが、クリスティーナ夫人を同伴しての訪問は初めてのことです。

クリスティーナさんとは久しぶりに会うのですが、クリスティーナさんは挨拶もほどほどに、我が古民家の立地場所と景観を見て、「ワンダフル！ ビューティフル！」と、驚嘆の声を上げながら話題にし始めました。

そして、ヨーロッパ人はこのような小高い丘の上に家を作るのが理想なのだと言います。僕も少しは欧米の不動産事情について知識があるので、「日本では、街中の土地の値段より、こうした丘の上の方が安いんですよ。ちなみにこの辺では、街中に比べ五分の一か、十分の一の価格です」と説明すると、両手を広げつつ肩を上げ、信じられない！といった表情で目を丸くします。

次に、再生古民家の中に入ると、またまた「ナイス！ビューティフル！」、日本語でも「すごい！すばらしい！」と相次ぐ感嘆の連呼です(笑)。

極め付きはキッチンに入った時でした。クリスティーナさんは料理が得意ということもあってか、キッチンに人一倍関心があるようで熱心に見入り、ベンクスさんとしきりに話をしています。ドイツ語で会話しているので、語学力が乏しい僕には残念ながら会話の内容が聞き取れませんが、「エレガンス！」の一言だけはしっかりと耳に残りました。

右から野沢棟梁、クリスティーナさん、ベンクスさん、筆者

2001年8月新潟
松代町ベンクス邸にて。
右からベンクスさん、クリスティーナさん、
息子·創、筆者、妻·千恵

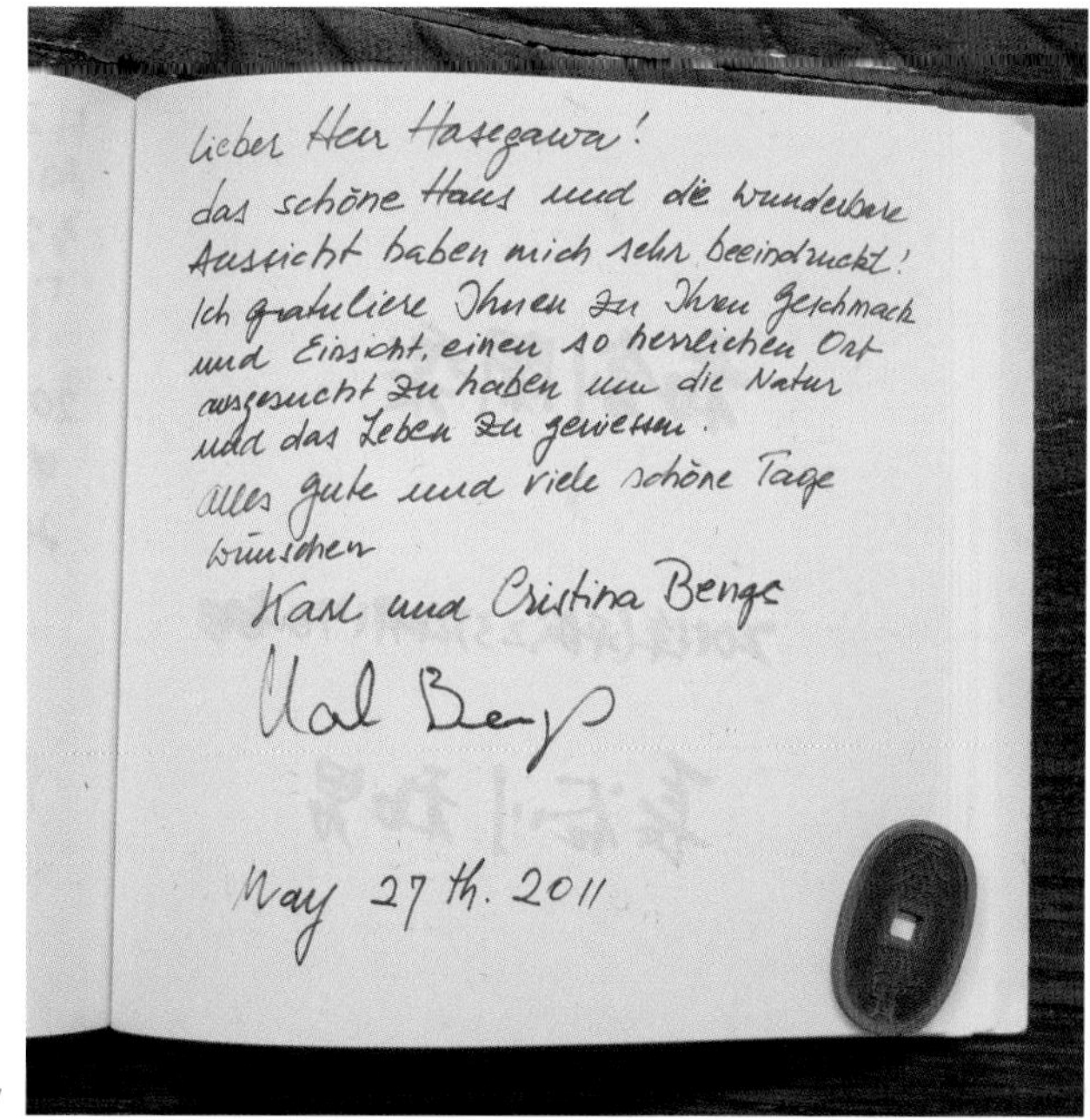

lieber Herr Hasegawa!
das schöne Haus und die wunderbare
Aussicht haben mich sehr beeindruckt!
Ich gratuliere Ihnen zu Ihrem Geschmack
und Einsicht, einen so herrlichen Ort
ausgesucht zu haben um die Natur
und das Leben zu geniessen.
alles gute und viele schöne Tage
wünschen
Karl und Cristina Benge

May 27th. 2011

芳名録のベンクス夫妻のサイン

4

玄関の変遷

玄関の扉は、一つは元の古民家にあったものを使い、もう1枚を古材の欅を使って竹を組み込んだデザインで作りました。

しかし、最初の扉は何か落ち着きがないというか、しっくりきません。そこで、色を古色に塗り替え、息子が鍛金で取っ手を自作して取り付けました。合わせて、玄関屋根の鎖樋も息子のオリジナル作品を設置しました。これで、ようやく落ち着いた満足のいく玄関になりました。

普通の住宅は新築の時が一番美しく、あとは経年劣化していくだけですが、我が古民家は、デザインも進化し続け、使い込めば使い込むほどに味わいが出て、経年美化していくであろうと思っています。

現在の玄関

竣工当時の玄関

小鳥のデザインを取り入れた鎖樋

5

古欅材の仕切壁

この本の冒頭に、今までさまざまな形態の家に住んできたと記しましたが、その一つに、かれこれ30数年前に某大手ハウスメーカーに依頼して作った一戸建注文建築があります。

初めて作る家だったこともありイメージが膨らみ、こんな部屋が欲しい、あんな部屋もあればいいなと頭の中で考えて着手した結果、四人家族で7ＬＤＫという多くの部屋を持つ家を作ることになってしまいました。居間にキッチン、家族それぞれの個室に、僕の書斎、妻が茶道をやっていたこともありお茶室を兼ねた和室などなど。

しかしこれは結果的には、使い勝手が悪い上に建築コストも高くついて大失敗でした。

この苦い体験の教訓で、今回の古民家再生では、元の間取り通りには再生せず、全体の構造体はそのまま生かしつつ大きな空間を残しました。

そして、住みながら、必要性が高まってくるに従って少しずつ造作をしてみることとしました。それも間取りなどの可変性が容易な形で……。

再生古民家の隠れ屋に住み始めて1年半後、1階の一部をギャラリーにする計画の一環として、仕切り壁の造作に取り掛りました（２０１２年12月）。

その仕切り壁は、土間から居間に上がる際、真正面に目にする壁面になります。この仕切り壁の印象でギャラリー空間の雰囲気が大きく左右されるといっても過言ではありません。どんな仕様の壁が良いか、あ～でもない、こ～でもないと随分と考えました。

こんな時、「急ぎ働きをしない」という方針は良いものです。

黒竹の仕切り壁の施工が始まる

雪見·月見障子の建具調整をする土屋師匠

焦ることもなく、楽しみながら思案しました。普請道楽の極みです（笑）。

その結果、写真のような黒竹をはめ込んだ大壁と障子の組み合わせの仕切り壁と、南面廊下側には月見と雪見の両機能を持った障子をデザインし、作ることにしました。

制作を担当してもらったのは、横浜の建具師兼指物師土屋徳光さんです。

土屋さんは、横浜のマンションを古民家風の居室にする際、協力いただいた方で、この道50年の大ベテラン。僕の好みのポイントもよくご存知で、少々の無理も笑って受け入れてくれます。

そうそう、横浜自宅のユニット本棚も土屋さんの仕事です。いつも良い仕事をしていただいています。

仕切り壁に使用した材は、ここでも欅の古材に登場いただきそれで枠を作り、土屋さんの工房に温存されていた杉の一枚板を譲っていただき使用しました。

なお、この仕切り壁は取り外しが可能で、必要に応じて元の大きな空間スペースに戻すことができるようになっています。

雪見･月見窓障子と大型障子に囲まれた空間

仕切り壁を取り外すと大きな空間が出現する

完成した黒竹仕切り壁。 この仕切り壁は使用状況によって取り外し、元の一体の広さに戻すことができる

6

古民家の元所有者、數井夫妻来宅

手前左から息子・創、數井夫妻、野沢棟梁

古民家を譲っていただいた數井ご夫妻に、古民家がどのように生まれ変わり再生したのか、機会があればぜひご覧いただきたい旨連絡を取っていたところ、竣工したその年の初夏、遠方の上越市から足を運んでいただきました。

手紙でのやり取りは何度かあったのですが、お二人にお会いするのは初めてのことです。

挨拶もそこそこに、早速、野沢棟梁と一緒に再生のコンセプトなどの話をしながら、家中をご案内します。

まず土間を見て、1階のリビングルームや囲炉裏の間、台所、風呂、そしてトイレまでご覧いただきます。

見違えるように甦った家を見て、「へぇ〜、こんなに変わるものなのですか！」と、お二人は感嘆の連続です。

続いて2階の僕が居室に使用している屋根裏部屋に案内します。

すると、老夫婦は二人して「アレまぁ！」とひときわ驚きの声を上げました。

僕は「どうかしましたか、何かありましたか？」と尋ねたところ、奥さんが「昔は、この部屋で鶏を飼っていたんですよ」とおっしゃるではないか。

「へェ〜!?、この部屋は鶏小屋だったんですか」。初めて聞く話で、驚きました。

ご主人の説明では、この古民家があった上越市安塚は豪雪地帯で、冬は3メートルもの雪が積もり、鶏はこの部屋の窓から出入りしていたとのこと。

僕が現地で初めて見た古民家のこの空間は、玄関の上部に造られた薄汚れた暗い屋根裏部屋で、10年もの間無人だったこともあり、塵が厚く積もり、蝙蝠も生息していたようで大量の糞が散らばっていました。そんなこともあり、あまり良い印象が残っていない空間でした。

しかし、再生工事が進む中で、この部屋の木組みが面白いことに気がつきました。

というのは、通常の古民家では屋根の木組みには松の木が使われていることが多いのですが、この古民家では欅の巨木が使われており、それも実に大胆に組まれています。

鶏を飼っていたという元の古民家屋根裏部屋

そんな欅の木組みが我が古民家再生のシンボリックな空間に見え、この一角を僕の棲家にしようと決めたのでした。ということで、僕は今、元鶏小屋に生息しているわけですが、大変居心地がよく大いに満足しています。

ともあれ、敷井ご夫妻には、10年以上住むこと無く放置されていた家屋が、このように蘇ったことを大変喜んでいただき、ご満足の様子で帰宅されました。

再生した屋根裏部屋。筆者の居室

7 ……嬉しい便り

数井ご夫妻が、再生古民家をご覧になって上越市に帰宅された数日後、一通のハガキが届きました。

そのハガキには

「百有余年を経た欅の古材が長谷川様と棟梁によって新たな命を吹き込まれ、見事に蘇った姿を目の当たりにして深い感銘を受けました。

あなた様に出会わなければ、そのまま朽ち果ててしまった旧宅の甦生に、祖父もさぞかし喜んでおることと思います。ほんとうにありがとうございました。（後略）」

とありました。

嬉しいお便りでした。

そして改めて、１００年、２００年と末永くこの古民家をお預かりし、良好に維持し、そして次々世代へとバトンタッチしていかねばならないと心に誓いました。

このたびはご多忙のところお伺いさせていただきありがとうございました。百有余年を経た欅の古材が長谷川様と棟梁によって新たな命を吹き込まれ、見事に甦った姿を目の当たりにして深い感銘を受けました。

あなた様に出会わなければ、そのまま朽ち果ててしまった旧宅の甦生に祖父もさぞかし喜んでおることと思います。

ほんとうにありがとうございました。

またたいへんていねいにお土産まで頂戴しありがとうございました。

重ねて厚く御礼を申し上げます。

たびたび新潟へお出かけのようですが、高田近辺通過の節はぜひお立ち寄りください。

あなた様とご家族様のご健勝をお祈りし御礼といたします。

数井

再生古民家からみるスーパームーンに照らされる富士の峰

駐車場から、庭と玄関アプローチを見る

玄関より庭を見る

玄関

土間より上がり框(あがりかまち)、式台、居間を見る

廊下

土間

居間。将来ギャラリースペースにする予定

225 再生古民家 竣工写真 そのII

太くて重厚な欅材の柱や梁で構成された空間。「欅の間」と名付けた

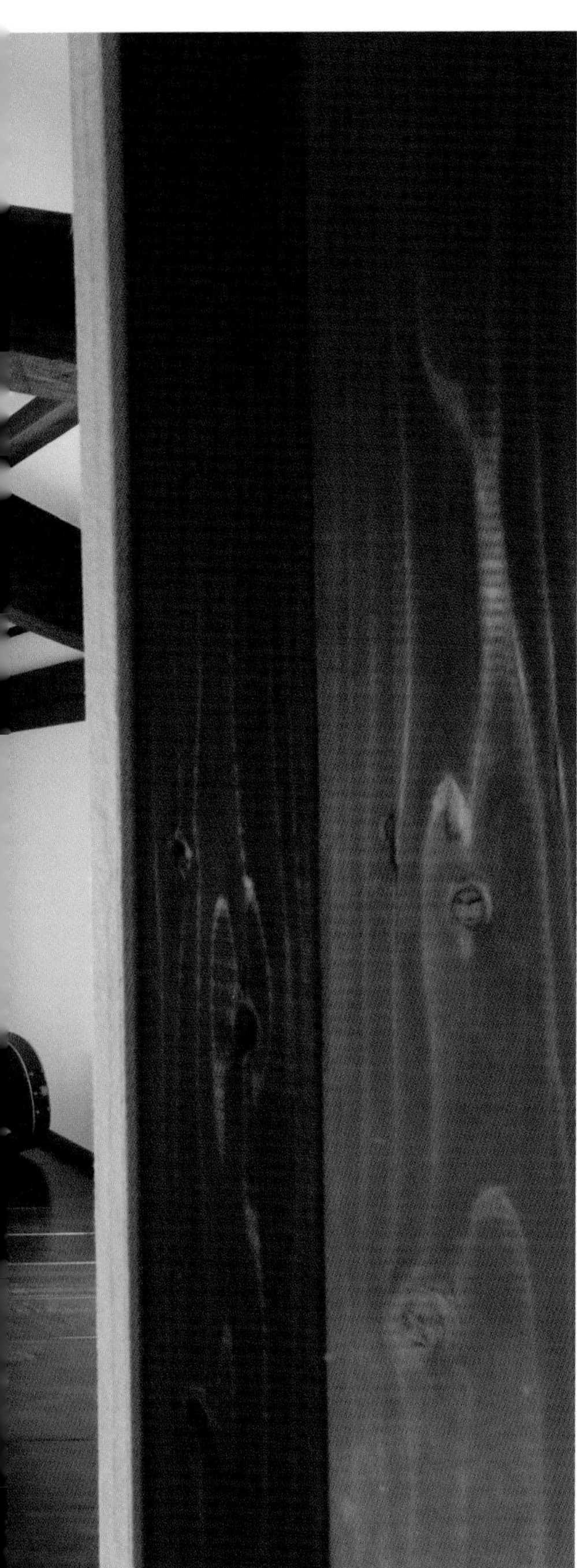

元の古民家では薪をストックする物置スペースだったが、ゲストルームに生まれ変わった

2階居室

元の古民家は例年3mもの雪が積もる豪雪地帯にあったため、
冬の間、2階のこの空間が鶏小屋になり、鶏はこの部屋の窓から外へ出入りしていたとのこと。
再生後は、筆者の居住空間となった。

年に数回4～５cmの雪が降る

夜景

再生古民家全景と
甲府盆地

あとがき

新潟の雪深い地に１９１１年（明治44年）に建てられた築１００年の古民家を譲り受け、その古民家を山梨に移築再生し竣工したのが、ちょうど１００年目の２０１１年（平成23年）のことでした。

そしてこの再生古民家に住み始めて10年が経ちました。

この10年間の生活を通して、古民家への想いはますます深まるばかりです。

またこの間、古民家の隠れ屋にさまざまな人たちが訪ねてくれました。

そうした人たちの中に、僕の古民家再生の体験や、古民家での生活を通して知りえた古民家再生の魅力、あるいは課題について知りたいという方々が多くいらっしゃいました。中には、実際に古民家再生に取り組みたいので相談に乗って欲しいと、訪ねてくる方もいらっしゃいました。そうした方々には、意に添えるようできる限りのアドバイスをさせていただいてきました。

そんな経験を経て、まだ記憶が定かなうちに古民家再生の全プロセスを整理し、まとめておこう。それも、これから古民家再生にチャレンジしょうと思っている人達に参考になるような、工事の全工程を写真と文章で構成した、具体的で分かりやすい内容の書籍として残せないかと思い立ったのが、この『古民家再生物語』を編纂するキッカケでした。

幸い古民家再生に取り組み始めた頃からの様子を、インターネットのブログで紹介をしていたこともあり、その記録と写真や、備忘録と各種資料が残っていました。それらの記録をもとに記憶をたどり、また新たにいろいろ調べたうえで大幅に加筆して、この『古民家再生物語』は完成しました。

さて、この本を作成していた期間に、日本はもとより世界中で、新型コロナウイルスの大変なパンデミックが広がりました。

自由な外出もままならず、何かとストレスが溜まり、時には軽い鬱状態になり、執筆や編集作業が滞ることもありました。

一方で、古民家をめぐる想いを深めたり、執筆に集中することで気分転換ができ、救われた思いになった時もありました。

さらに、この本の作成のために、今までに撮りためた大量の写真をチェックしていく中で、工事中のことを懐かしく思い出し、再び古民家再生をやってるような気分になり、古民家再生の楽しさを二度も味わえたことは何よりのことでした。

話は変わりますが、2015年に国連サミットで採択されて以来世界中で推進され始めたSDGs（Sustainable Development Goals=持続可能な開発目標）は、昨今日本でも大きな話題になってきています。

このSDGsの目標の一つが、循環型社会の構築です。

そして日本の循環型社会構築で最も重要な課題の一つが、住宅建設問題だと僕は考えています。

というのは、日本の住宅の平均寿命は極めて短く、他の耐久消費財と同じように現在も大量生産、大量消費、大量破壊が繰り返されているからです。結果的に、住宅が長期的な観点での真の社会的資本にならず、大きな社会的損失になっています。

ちなみに、先進5カ国の住宅サイクル平均年数は、イギリス 141年、アメリカ 103年、フランス 86年、ドイツ 79年、そしては日本は26年という短さです。（※平成8年度 建設白書 建設省編より）

またこのことは、住宅に限らず、建築物全体に言えます。

高度成長時代に建てられた高層のビルやホテル、鉄筋コンクリートの建物、国立競技場のような公共施設も、わずか50～60年で取り壊され、建て直しをしている例は枚挙にいとまがありません。大変な無駄だと思いますし、残念なことです。

日本の家は木造だから保たない、欧米は石の家だから長く使える、というのは誤解です。

木造の家でも、本物の材料と正しい伝統構法を使って造り、きちんとメンテナンスすれば、100年でも200年でも使うことができます。

現に法隆寺は木造ですが築1300年の歴史を誇っている世界最古の木造建築です。

また、僕はイギリス、フランス、ドイツをはじめ世界各地の古民家を視察し、多くの国で築100年～300年もの古い木造の家を、人々が大切に扱い、慈しんで住んでいる姿を目の当たりにしてきました。また、各地でそうした古い木造の建物を活用したホテルにも投宿して、素晴らしい古民家の世界を身をもって体験してきました。

「千年の文化　百年の文明」という言葉があります。

千年の文化を別の言葉で言いかえれば、「衣食住などの慣習や習俗、芸能など人間が自然に手を加えて形成してきた成果で、内面的・精神的なもの」で、「長年の蓄積・伝統的・変わらないもの・スロー・古典・クラシック・文化遺産・国の個性＝日本的美」とでもなるでしょうか。

一方、百年の文明は、「技術的・物質的なもの」で、「文明開化・現代的・変化・スピード・モダン・グローバル・利便性」と表現できるでしょうか。

これをさらに「家＝住宅」に特定して考えてみると、

「文化→家の形・デザイン・様式・木 藁 紙 石など自然素材・循環型住宅・伝統構法」

「文明→電気・ガス・水道・通信などの設備、ガラス・セメント・合板・化学塗料・ツーバイフォー・プレハブなどの工法」

と、置き換えることができると思います。

文化も文明もどちらも必要なものですが、しかし、住宅には「住文化」という言葉があるように、長い年月の中で多くの人々によって育まれ蓄積されてきた文化が背景にあるということを、強く認識しておくことが不可欠だと思います。

そして、このように蓄積され継承されてきた日本の「伝統建築工匠の技　木造建造物を受け継ぐための伝統技術」が、2020年にユネスコ無形文化遺産に選定されました。

この文化遺産登録活動には僕も微力ながら参加しましたが、伝統建築構法は我が日本の誇るべき文化遺産の一つだと思います。そして、この素晴らしい技が継承される場としての古民家再生や、日本の住文化の遺産ともいえる古民家が、ますます愛され、広く活用され残されていくことを願わずにはいられません。

僕は、古民家再生というテーマに１９８０年代初め頃から関心を持ち始めて40年近く経ちました。古民家再生は、今や僕にとってライフワークともいえる存在です。

しかし、振り返ってみると、古民家に関連する活動を始めたのは、必ずしも上記のような社会的な強い問題意識や使命感があってのことではありませんでした。

事もなげに壊されていく古民家が「もったいない」と思う気持ちや、少しは憤慨する気持ちはあったかと思いますが、ただただ古民家が持つ素朴な美しさと居心地の良さに惹かれるものがあり、自然と取り組み始めたことです。

古民家の空間に身をおくとホッとし、心の安らぎを感じる。時の経つのを忘れ、いつまでもそこに居たいと思ってしまう。そんな体験を幾度となくする中で、ますます古民家が好きになり、飽くことを知らず活動を続けてきました。さらに国内外の古民家や集落をいくつも視察し、撮影していくにつれますます古民家への関心が深まっていきました。今も基本的にその気持ちは変わりません。

そして世の中の古民家への関心の高まりと共に、結果的に、僕自身の古民家への認識や探究心も深まり、さらには古民家再生による日本の貴重な文化遺産である古民家継承の意義をより強く意識するようになってきました。その延長線上に、今回の古民家再生による隠れ屋の実現がありました。


さて冒頭に記しましたように、築１００年の再生古民家に住んで十年が経ちました。

この再生古民家は、２０１１年（平成23年）に一応竣工していますが、まだ完成していません。


古民家は生き物です。居住者と共に日々成長していきます。

普通の建物は出来上がったときが一番で、あとは劣化し悪くなるばかりですが、我が隠れ屋古民家は永遠に未完成の作品だと思っていますから、終わりがありません。

これからも普請道楽は続きます。

そして、使い込んでいく中で美しくなっていきます。きっと……。

この古民家はこれからも変化しながら、成長しながら、次世代、次次世代にバトンタッチされ、１００年２００年、そしてそれ以上に生きていくと思います。

僕はそれを見届けることはできませんが、そう期待して、この物語の筆を置きたいと思います。

末筆になりますが、

この古民家再生プロジェクトに多大なる貢献をしていただいたカール・ベンクスさん、野沢昌夫棟梁とそのスタッフの皆さんに感謝の意を表します。

またこのプロジェクトに賛同し、一緒に付き合い、作業にも参加してくれた二人の子供たち麗と創に感謝します。

また、再生古民家の隠れ屋で一緒に生活することを楽しみにしていた亡き妻・千恵が、後押しをしてくれたとの思いもあります。その意味で、この本を千恵に捧げたいと思います。

本の制作にあたっては、再生古民家の構造体・平面図など資料編の作図作成に、新居誠之さん（建築士）と、佐藤英夫さん（建築士）のご協力をいただきました。お二人とも日本民家再生協会で長年一緒に活動しているいわば同志とも言える方々です。

また、本の編集では、デザイナーの竹内実さん、編集の平野薫さんと南風舎のスタッフの皆さんにご尽力いただきました。なかなか仕事がはかどらない、我儘でマイペースな僕と、我慢強く付き合っていただき、的確なアドバイスがあったからこそこの本が完成しました。

皆さん、本当にありがとうございました。

２０２２年（令和４年）睦月　冠雪した富士の峰を見ながら

長谷川　和男

◉長谷川 和男 Hasegawa Kazuo 略歴

和創工房＆ギャラリー和 主宰　古民家再生活動家
フォトグラファー

1946年（昭和21年） 京都市中の町屋に生まれ育つ。

1969年（昭和44年） 信州大学文理学部卒業。
㈱リクルートにて住宅情報事業に携わる
「民家の美と文化」をテーマに、日本および世界80余カ国の古民家・古民家集落・再生民家を訪れ、情報収集と撮影をする。

1997年（平成9年） 古民家再生活動家としてNPO法人日本民家再生協会の設立と運営に携わる。
書籍・新聞・雑誌等に古民家関連の写真を発表すると共に全国各地で写真展を開催。

2011年（平成23年） 山梨にて築100年の新潟の古民家を移築再生。

2018年（平成30年） 上記古民家にてギャラリー和 開設。
山梨古民家倶楽部幹事

索引

資料編

50音順 索引

さ

項目別索引

建築

素材・樹木

人名・社名

地名・建物名

その他

再生古民家「杣口の民家」概要

当古民家再生家屋「杣口の民家」は、新潟県上越市安塚区大原1177－１番地(旧東頸城郡安塚町大原)にて1911年(明治44年)に建築された「敷井家」を譲り受け、移築再生された。敷井家は1701年(元禄14年)本家より分家独立し創建。江戸末期から村役(庄屋)を、明治期は村長を務めた家系。

旧家屋は耐雪構造に優れた合掌造りの母屋と居住用家屋で構成されており、延床面積は1階69坪、2階27坪、合計96坪であった。再生にあたっては母屋のみを活用し、間取りの変更、土間部分の拡張、平屋部分の屋根を高くしロフトスペースを取るなど、設計・デザインし再生施工された。

杣の意

古代から中世にかけて造都や寺社の建立など大規模な建設用材の伐採地として設置した山林のことを意味し、総じて樹木を植え付けて材木を取る山、「杣山(そまやま)」を意味する。

近世・近代に木材採取の山の意から転じ、杣で伐木、伐採、造材などを行う林業従事者のことを「杣人(そまびと)、木こり」と称するようになった。

「杣口(そまぐち)」は、杣への入り口、杣人たちの住む集落を意味している。

概要	
建物名	杣口の民家
所　在	山梨市牧丘町杣口
建　主	長谷川 和男 長谷川 創
用　途	住居・ギャラリー
建築デザイン	カール・ベンクス　カールベンクス アンド アソシエイト　代表 長谷川 和男　和創工房　主宰 長谷川 創　鍛金造形作家
建築アドバイザー	丹羽 公雄　名古屋大学名誉教授
構造規模	木造2階建一部3層 敷地面積:1714.17㎡ 建築面積:191㎡ 延床面積:339㎡(1階＝191㎡、2階＝109㎡、3階ロフト＝40㎡) 地目・雑種地
工　期	古民家解体 2009年(平成21年)10月29日～11月10日 地鎮祭 2009年(平成21年)12月22日　大安 着工 2010年(平成22年) 1月26日　大安 上棟式 2010年(平成22年) 4月19日 竣工 2011年(平成23年) 4月17日　大安
施　工	野沢住建(株)

スタッフ	
棟梁	野沢 昌夫　野沢住建(株)　代表取締役 ２級建築士
大工・脇棟梁	楠 芳　１級建築士
大　工	楠 齋 楠 幹夫 早川 竹十三 古屋 彰彦
雑　工	武藤 正
金属工芸	長谷川 創
古民家解体	市村 重太郎　上越重機工業 代表取締役
電気設備工事	古屋 忠　共栄電機
屋根葺工事	武井 博武　武井板金工業所 代表 武井 修
上下水道設備工事	橘田 和俊　橘田総合サービス 代表取締役
左　官	伊藤 忍　伊藤左官工業 代表
石・タイル施工	渡辺 充　渡辺タイル工業 代表
建　具	土屋 徳光　土屋建具店 代表 宮崎 範夫　宮崎木工所 代表

塗　装	杉田 宗利　スギタ建工 代表取締役
畳	清水 昭　清水畳工業 代表
内装(障子貼)	太田 浩　オオタ 代表取締役
古材納入	市村 重太郎　上越重機工業 代表取締役
古建具納入	掛端 明光　あさひ古民家古材センター 代表 小林 秀樹　ひでしな商店 代表
材木建材納入	藤原 一茂　藤原材木店 代表取締役
材木納入	古屋 健次　フルヤ 代表
古家具納入	古福庵
家具納入	中央民芸
建て方重機	田辺 重盛　田辺自動車整備工場 代表取締役
鏡、網戸納入	東山梨トーヨー住器
生コン納入	アスカ生コン

旧建物について	
所在地	新潟県上越市安塚
建設年代	1911年(明治44年)
再生工事の種類	解体・移築再生
再生用の材料・部位	柱、梁、桁、母屋(主要構造部)、建具、石材
新規材の使用部位	扠首(さす)、大引き根太、間柱、野縁類、屋根板、床下地、階段
再生部	欅建具、洗面カウンター、アイランドキッチン

主な外部仕上げ	
屋　根	ガルバリウム鋼板
壁	スギ板、ラスモルタル下地、漆喰、腰板＝杉板12mm
塗　装	キシラデコール塗り
断熱材	北面・東面＝100%羊毛ウール10mm、南面・西面・床＝フクフォームeco フクビ化学工業
建　具	ペアガラス木製サッシ(ドイツ・Winter Holzbau GmbH社)
基　礎	(有筋)ベタ基礎
デッキ	木製(檜材@30mm)キシラデコール塗り

主な内部仕上げ	
天　井	居間＝石膏ボード9.5mmEP塗り
土　間	クオーツブラック15mm石貼り、石膏ボード9.5mmEP塗り
台　所	石膏ボード9.5mmEP塗り、漆喰塗り
浴　室	伊豆石・クオーツブラック石貼り、桧板張り、木曽ヒノキ羽目板貼
洗面所・トイレ	石膏ボード9.5mmEP塗り、漆喰塗り
2階居室	石膏ボード9.5mmEP塗り
2階ストレージ	石膏ボード9.5mmEP塗り
3階ロフト	石膏ボード9.5mmEP塗り
壁	土間＝石膏ボード漆喰塗り
居　間	石膏ボード漆喰一部砂鉄黒漆喰
2階居室	石膏ボード漆喰塗り
2階ストレージ・3階ロフト	石膏ボード漆喰塗り
建　具	古色仕上　(久米蔵＋柿渋)
床	檜フローリング厚さ30mm、幅240mm張り

主な設備機器	
冷暖房	リビング・台所＝電気式床暖房
給　湯	石油給湯器(リンナイ)
厨　房	コーリアン、IKEA 、Miele 、パナソニック
アイランドテーブル	古材欅使用オリジナル
洗面所	TOTO CERA、DURAVIT
便　所	TOTO CERA、ALLIA
照明器具	コイズミ、パナソニック、ダイコウ
建物金物	長谷川創オリジナル制作
家　具	古福庵、中央民芸

數井家概要

1 創立　元禄14(1701)年に本家より分家独立

・住所　越後国山五十公郷(ごやまいぎみのう)大原村(新潟県上越市安塚区大原499番地)

・戸主名　不詳(記録なし　ただし、後年、襲名を「源右衛門」・「権左衛門」と繰り返しているので、このどちらかであったものと思量される)

・明治34(1901)年5月2日の午後3時に出火し、3日の午前3時に鎮火した大火災により、集落42戸中29戸が被災する。当家も居宅が全焼し、土蔵だけが残った。

2 再建　明治44(1911)年に落成

火災後、前記住所に仮設住宅を建てて(明治36年6月9日)住み、本建築の準備に取りかかる。設計や資材の調達に約10年を要したと聞いているが、詳細は不明である。

■施主・位置・設計等

(1) 施主　數井一郎(現当主正隆の祖父)当時40歳

(2) 位置(住所)　上越市安塚区大原1,177番地の1(旧東頸城郡安塚町大原)

(3) 設計　數井一郎　幼少時、隣村(行野集落)の大地主、横尾義周が自宅で開設した私塾で学ぶ。その後、義周に重用され義周宅に出入りしていた。そんな関係からか、母屋の間取りや配置は、義周宅によく似ていると聞いている。また、村長当時(明治41年)、自ら工事監督者として尋常高等小学校を建築している(棟梁、數井周吉)。その経験から母屋の小屋組みを耐雪構造に優れた「合掌造り」にした。

(4) 資金調達　資産を売却して調達
水田1町1反6畝27歩、畑4畝3歩、山林1反1畝7歩を明治43年3月22日に横尾義周に売却

(5) 棟梁　木挽棟梁　南雲由松
大工棟梁　數井周吉(數井一郎の分家)

■建築日程

(1) 着工　明治43(1910)年　4月14日
(2) 地鎮祭　10月7日
(3) 母屋建前　明治44(1911)年　5月6～7日
(4) 中門建前　5月22日
(5) 土蔵着工　9月4日
(6) 落成式　10月5日

上記日程で本建築に取りかかったが、母屋を建てるだけで資力が尽き、居住部分(東側)は仮設住宅を移築した。

(數井 正隆氏 作成)

再生前古民家 図面

明治44年(1911年)10月5日落成

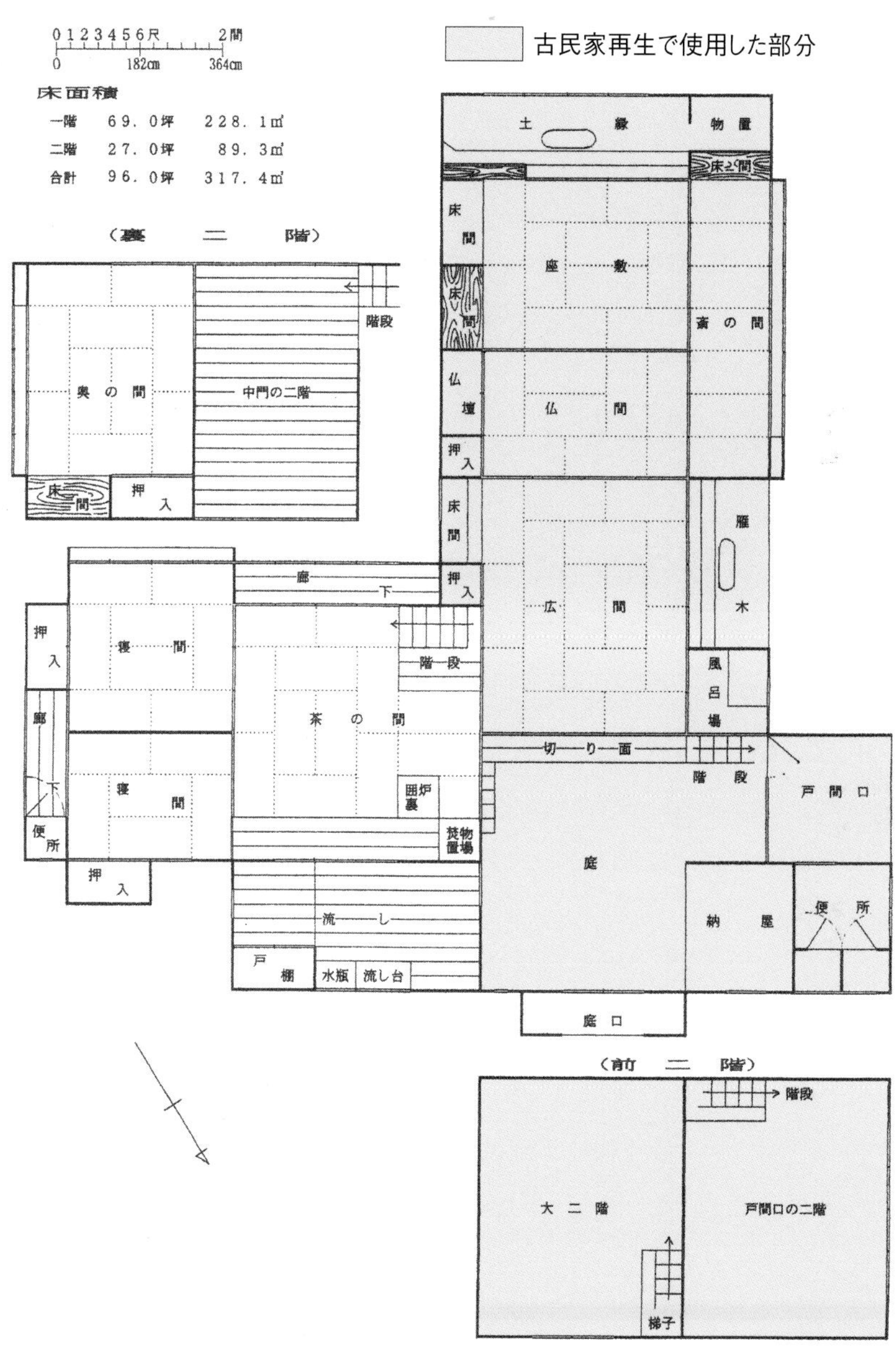

再生後 1階・2階平面図

縮尺:1／200　　作図協力：佐藤英夫（平面図）、新居誠之（断面図、立面図、矩計図）

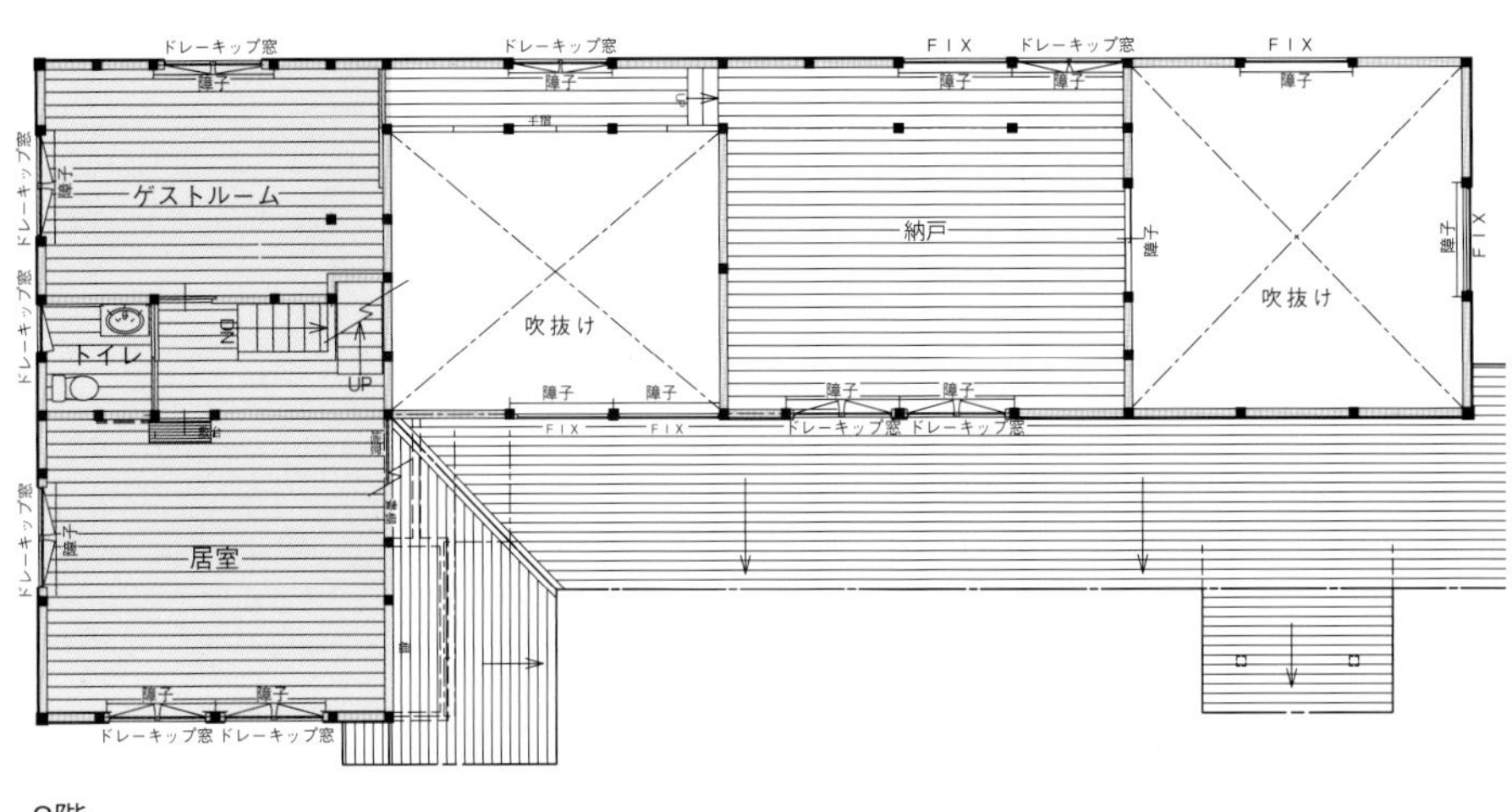

2階

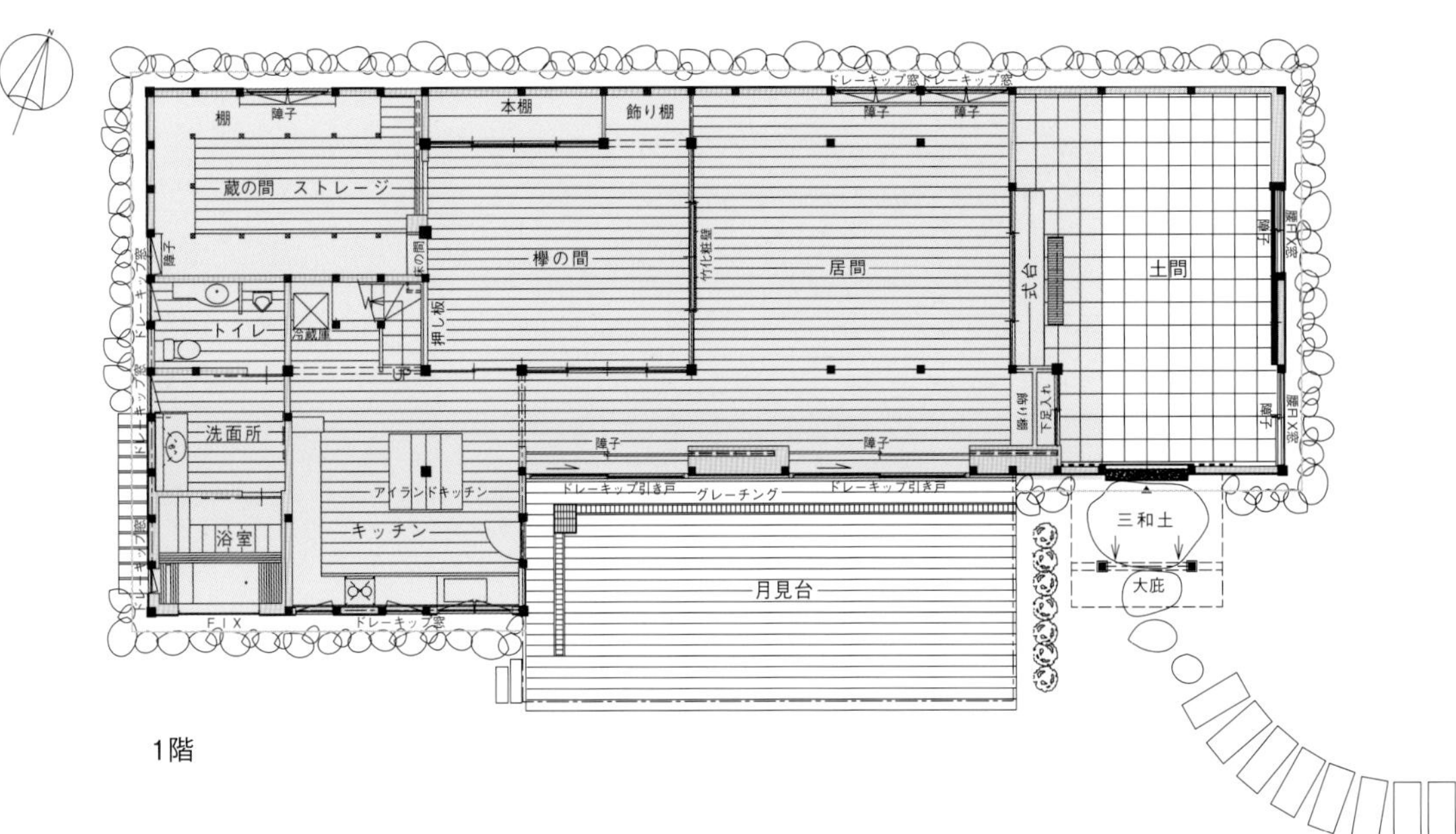

1階

再生後 3階平面図・断面図

縮尺:1／200

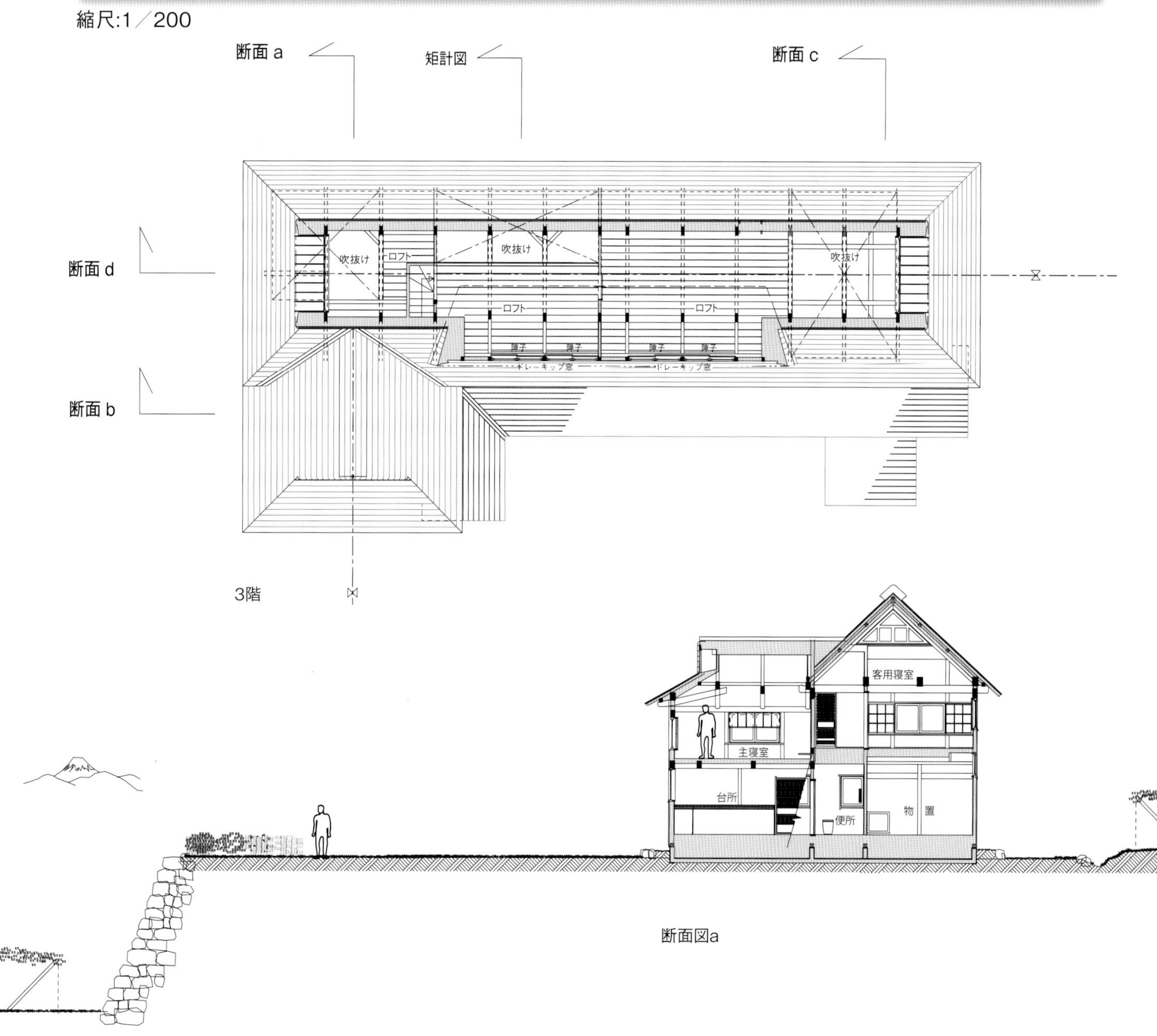

再生後 断面図

縮尺:1／200

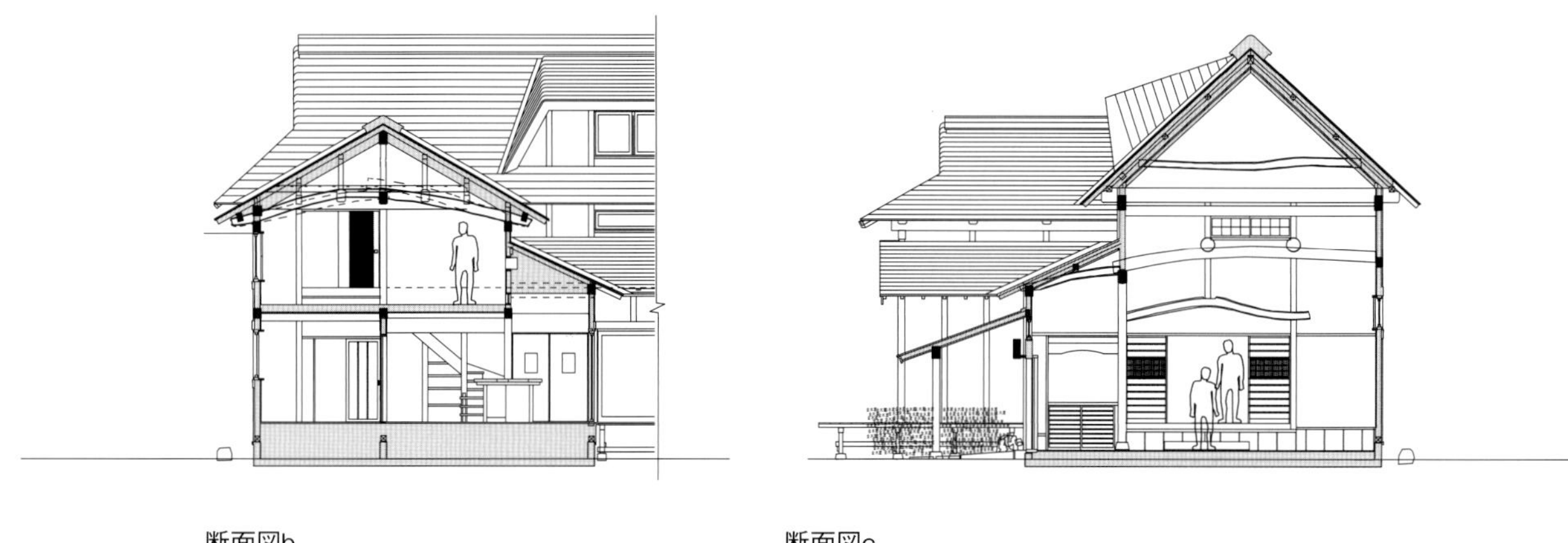

断面図b　断面図c

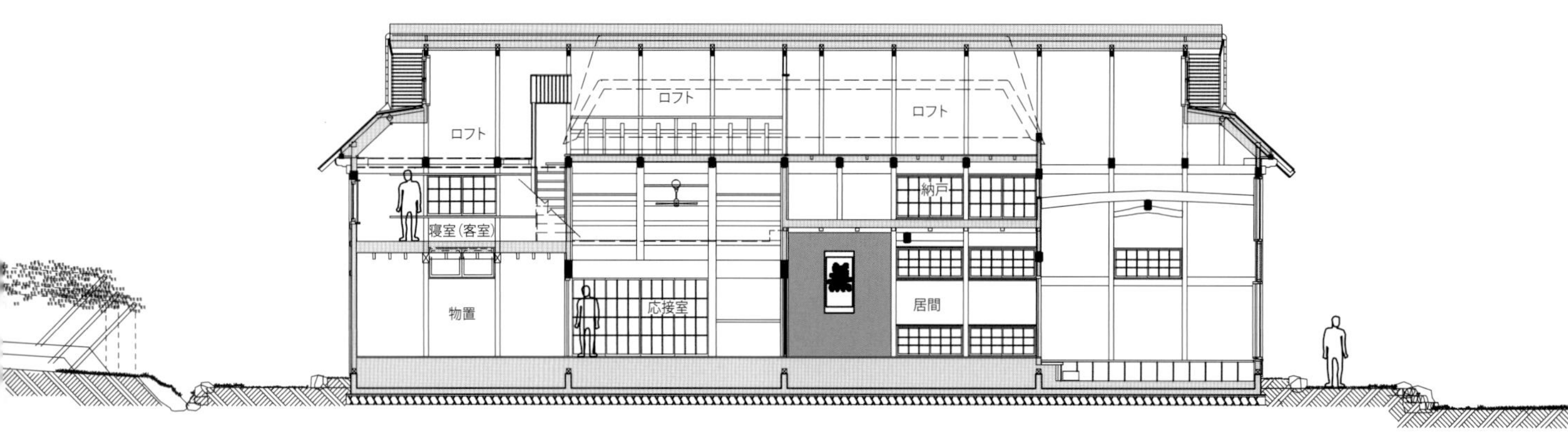

断面図d

再生後 立面図

縮尺:1／200

北側　　西側

南側　　東側

再生後 矩計図(断面詳細図)

縮尺:1／100

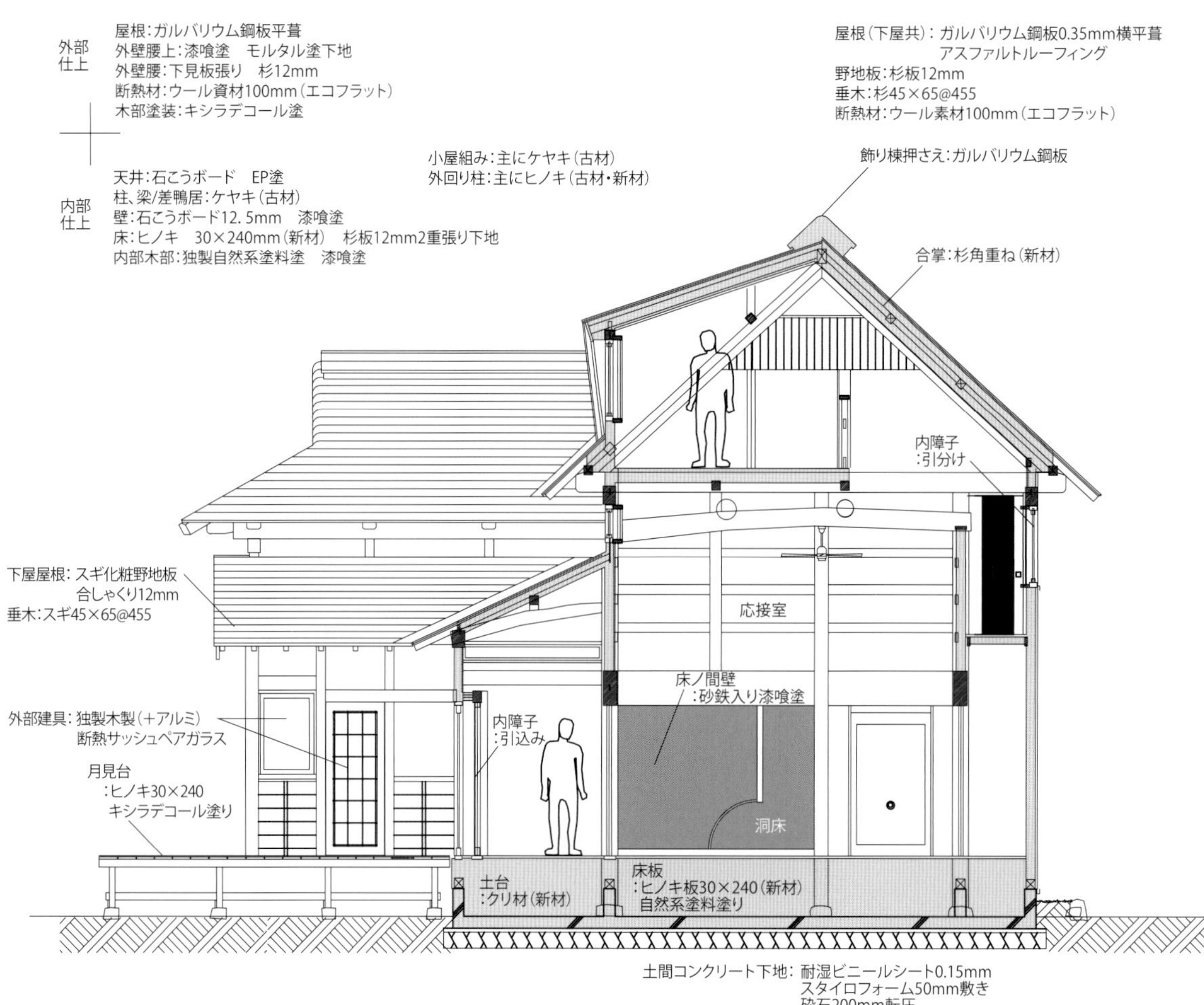
外部
仕上
屋根:ガルバリウム鋼板平葺
外壁腰上:漆喰塗　モルタル塗下地
外壁腰:下見板張り　杉12mm
断熱材:ウール資材100mm(エコフラット)
木部塗装:キシラデコール塗
内部
仕上
天井:石こうボード　EP塗
柱、梁/差鴨居:ケヤキ(古材)
壁:石こうボード12.5mm　漆喰塗
床:ヒノキ　30×240mm(新材)　杉板12mm2重張り下地
内部木部:独製自然系塗料塗　漆喰塗
小屋組み:主にケヤキ(古材)
外回り柱:主にヒノキ(古材・新材)
屋根(下屋共):ガルバリウム鋼板0.35mm横平葺
アスファルトルーフィング
野地板:杉板12mm
垂木:杉45×65@455
断熱材:ウール素材100mm(エコフラット)
飾り棟押さえ:ガルバリウム鋼板
合掌:杉角重ね(新材)
内障子
:引分け
下屋屋根:スギ化粧野地板
合しゃくり12mm
垂木:スギ45×65@455
応接室
床ノ間壁
:砂鉄入り漆喰塗
外部建具:独製木製(+アルミ)
断熱サッシュペアガラス
内障子
:引込み
月見台
:ヒノキ30×240
キシラデコール塗り
洞床
床板
:ヒノキ板30×240(新材)
自然系塗料塗り
土台
:クリ材(新材)
土間コンクリート下地:耐湿ビニールシート0.15mm
スタイロフォーム50mm敷き
砕石200mm転圧

矩計図（断面詳細図）1/100

古民家再生物語

築百年(明治末期)の古民家再生工事 その全容

2022年1月10日発行

著者・写真　長谷川 和男
Hasegawa Kazuo

発行　和創工房（Wasokobo Inc.）
横浜市港北区箕輪町1-14-1 日吉ホームズ101

発売　南風舎
東京都千代田区神田神保町1-46 斉藤ビル201
電話　03-3294-9341
FAX　03-3294-7386
E-mail : nampoosha@nampoosha.co.jp

編集　平野 薫（Nampoosha）
Hirano Kaoru

デザイン　竹内 実（Ar-i-ever）
Takeuchi Minoru

印刷　壮光舎印刷株式会社

ISBN978-4-9909168-2-4 C0052